執権義時に消された13人

闘争と粛清で読む「承久の乱」前史

榎本 秋

AKI ENOMOTO

ウェッジ

プロローグ

内紛・暗闘が相次いだ鎌倉時代

大王《おおきみ》、天皇、治天の君、将軍（征夷大将軍）。呼び名も背景事情も政治体制もそれぞれだが、日本史を辿《たど》ればさまざまな「トップ」がこの国の頂点に立ち、国家を運営してきた。しかし、彼らが常に親政（直接統治）をしていたわけではない。むしろ側近や政権の有力者に政治を任せていた時期が長く、そのような時にこそ安定した治世が行われていたようにさえ思われる。

中でも特筆すべき政治体制に、鎌倉幕府の執権政治がある。その頂点に立つのは将軍で、当初は河内源氏の一族が、のちに藤原摂関家や皇族から招かれて継承することになった。しかし途中から実権は将軍の補佐役である執権職を独占する別の一族に移行していく。北条氏である。元は伊豆の小豪族ながら、北条時政が鎌倉幕府初代将軍・源頼朝の躍進に貢献し、また己の娘を頼朝の妻としたために大きく勢力を伸ばした。

北条時政、そしてその子の義時は鎌倉幕府の頂点には立たなかったが、執権として幕政の主導権を握った。いわば「名を捨て、実を得る」立場に座ったわけだ。しかし、そのようなポジションは穏やかに、そして無血のうちに得たわけではない。頼朝が死んでから、後鳥羽上皇が義時に戦いを挑んだ承久の乱に至る二十年余りの時期には、内紛と陰謀、暗闘の嵐が吹き荒れた。

北条氏に消された有力御家人たち

北条氏はこれらの戦いに勝ち残ったことで執権の地位を確立した。何かが一歩間違えば敗者となり、別の誰かが勝利者となったかもしれない。その時、鎌倉幕府がどのような政治体制になったのか、そしてどれだけ続いたかはわからない。より安定した可能性も、もっと早く騒乱の時代がやってきた可能性もある。

間違いないのは、北条氏の繁栄に至る過程で屍《しかばね》の山が築かれた、ということだ。その中には時政や義時が武力や陰謀を駆使して排除したものもいるし、彼らの敵対勢力によって取り除かれたものもいる。不幸な死としか呼べないケースもあった。本書ではその中から、同時代を舞台にした二〇二二年のNHK大河ドラマ『鎌倉殿の13人』にちなんで、十三人の人物をピックアップした。彼らの生涯を知ることで、鎌倉時代初期が一体どんな時代だったのか、その中で北条氏がいかに生き残ったかがくっきりと浮かび上がることだろう。

驚くことに、敗北した十三人の中には時政の名前さえあるのだ。本書前半の主役といえる時政はいかに失脚したのか。そして、隠謀家のイメージとは裏腹に、実は前半生において能動的に行動した記録がほとんどない義時はいかにして執権政治体制を確立するに至るのか。そんなところも楽しんでいただきたい。

また、本書は現代ビジネスや社会生活に使えるヒント集としても役立つよう執筆した。鎌倉幕府を作り上げた頼朝の死から執権政治の安定に至る混乱の時代における人々の生き様は、混迷の現代を生きる私たちにも大いに参考になる。そのため、各人物・各事件ごとに教訓や見本を見出そうとしたものである。

二〇二一年十一月
榎本　秋

目次

執権義時に消された13人

第二章

合議制で台頭し実父を排した義時

三浦胤義　184

終章　執権義時を消したのは誰か　201

鎌倉時代初期の年表

本書は人物列伝スタイルを採用している関係から、複数の項目で同じ出来事について繰り返し紹介したり、時間が飛ぶ部分がある。そこで、理解を助けるために大まかな年表を掲載することにした。読んでいて混乱したらこのページを参照していただきたい。

一一八〇年（治承四）	源頼朝ら、反平氏勢力が次々と挙兵（治承・寿永の乱＝源平の合戦の始まり）
一一八五年（文治元）	源平の合戦が終結。頼朝、守護・地頭について朝廷の公認を得る（近年はこれをもって鎌倉幕府の始まりとすることが多い）
一一九二年（建久三）	頼朝、征夷大将軍に就任
一一九九年（正治元）	頼朝が亡くなり、源頼家が後継者として将軍に就任
一二〇〇年（正治二）	「十三人の合議制」開始。梶原景時の変
一二〇三年（建仁三）	比企氏の乱。幽閉された頼家に代わって源実朝が将軍に
一二〇四年（元久元）	頼家が暗殺される
一二〇五年（元久二）	畠山重忠の乱および牧氏の変
一二一三年（建保元）	泉親衡の乱および和田合戦
一二一九年（承久元）	実朝、公暁（頼家の子）に暗殺される
一二二一年（承久三）	承久の乱

主要人物系図

○内の数字は将軍就任の順位を表す

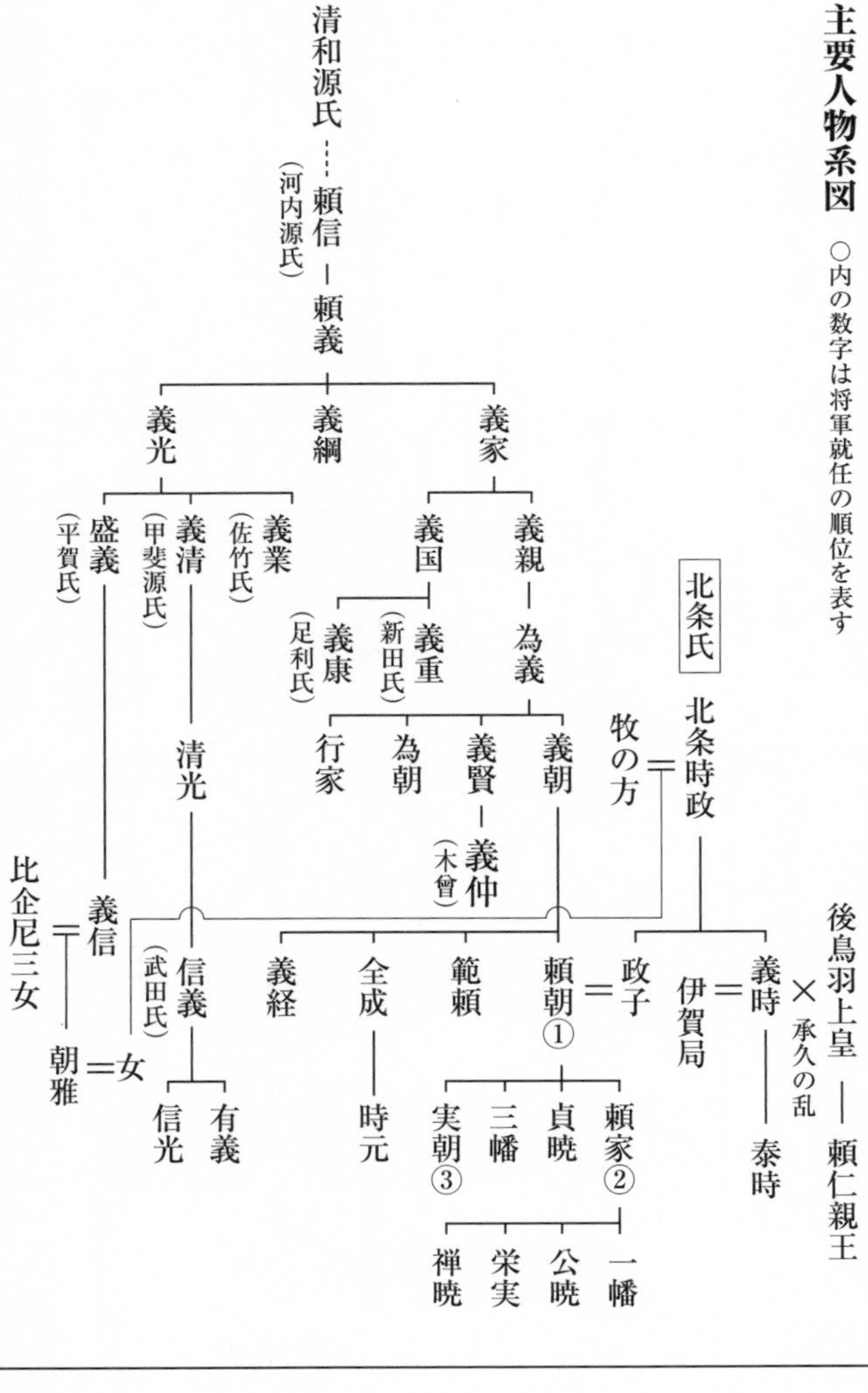

序章

「鎌倉殿の十三人」と合議制

頼朝の死がもたらしたもの

鎌倉時代初期、すなわち源平合戦（治承・寿永の乱）が終わって鎌倉幕府が成立してから、北条氏による執権政治のもとその政治体制が一応の確立を見せるまでの間は、政治対立や紛争が相次いで、かなり騒がしい時期であった。梶原景時の変や比企能員《ひきよしかず》の変、和田合戦などが起きては、幕府創設にも尽力した有力武家が次々と退場し、ついには幕府と朝廷が武力衝突する承久の乱まで起きてしまう。

その騒がしい時期の始まりを告げたのは一一九九年（正治元）、源頼朝の死だった。前年の末から病の床に臥《ふ》していたようだが、死の原因は定かでない。ただ、鎌倉幕府の公式史料である『吾妻鏡《あづまかがみ》』ほかが「この年の正月に相良川に架けられた橋の落成供養からの帰り、馬から落ちて亡くなった」、つまり直接の死因は事故だとしている。

頼朝は日本史上に残る偉業を成した巨人である。幼少期、平氏一族によって父を殺され、一族を滅ぼされながら、長じて兵を挙げ、いわゆる源平合戦に勝利した。戦後は朝廷と渡り合い、また各地の武家たちをまとめ上げ、日本初の本格的な武士政権とされる鎌倉幕府を開くに至ったのだ。

頼朝の時代、幕府の長＝「鎌倉殿」の権力は絶大だった。頼朝に逆らった武家、頼朝に従わない武家が追放されたり滅ぼされたりしている。このような力を振るえたのは、御家人と呼ばれる頼朝と主従関係を結んだ武士たちの力があったからであり、また関東知行国（関東御分国）や関東御領といった頼朝独自の広大な所領を擁しており、経済的にも強固な基盤を持っていたからだ。

一方、頼朝がなぜ幾つもの武家を滅ぼさなければならなかったか、いつからそのように強権的になったか、という点にも着目したい。彼がそのような動きを見せるのは一一九三年（建久四）以降だ。この時期は源平の合戦が終わって鎌倉幕府がとりあえずの安定を見せた時期であり、御家人たちが合戦によって手柄を立てられない時代への不満を溜《た》めていた頃でもある。その不満を抑え込むためには強権が必要だった。

頼朝の存在こそは不安定な鎌倉幕府をそれなりに安定させる重石であった、と言って良いだろう。

地方自治と土地支配

さてここで、頼朝の政治を理解するために、この時代の地方自治と土地支配のあり方を見ていきたい。

平安時代、諸国は地方役人たちが形成する組織・国衙《こくが》（国府とも。今でいう地方自治体）によって統治されていた。彼ら地方役人のうち中央（京都）から派遣された守《かみ》、介《すけ》、掾《じょう》、目《さかん》の四等官がもともと国司と呼ばれていたが、この時期には国衙の長官（おおむね「守」）のことを国司と呼ぶようになっていた。地方により尾張守や武蔵守などと呼ぶ。院政時代には国司の代わりに公家や社寺が国を統治する権利を与えられることもあり、知行国主《こくしゅ》と呼ばれた。また、免税や土地調査・犯罪捜査のための役人立ち入り禁止の権利を求めた農民たちは中央の権力者に土地の所有権を差し出し、自分の土地を荘園としていた。

そんな中、頼朝は朝廷と掛け合って守護・地頭《じとう》制度を公に認めさせ、この二つの役職を各地に配置することで武士政権を確立させていった。

各国に配置された守護の本来の権限は実は限定的なもので、大番《おおばん》（禁裏《きんり》などの警護役）のその国の御家人たちへの催促、謀反人及び殺害人の逮捕だけだった。しかし実際には御家人を統率しての軍事・警察権を持ち、しかも武士の多くが在庁官人《かんにん》（地方に所在した役人）であったことから地方行政にまで手を伸ばす。このような流れで国司は形骸化していくのである。

地頭は荘園・公領ごとに配置された。こちらの仕事は土地の管理・治安維持であったが、やがて税を荘園領主や国衙に代わって徴収したり、あるいは土地の一部を領主からもらったりするようになった。そのため、地頭こそが実質的な所有者となっていく流れがあったようだ。頼朝は源平合戦の後、武士たちに本来の土地の所有を認める（本領安堵《あんど》）にあたって、地頭に任ずることによってそれに代えることが多かった。先祖代々の土地ではあるが本来の所有者が別にいる場所について、頼朝の権威で地頭にしてもらい、実質的な所有者になることができたというわけだ。そのため、本書の以降の記述で所領と記した場合、少なからず地頭としての立場のケースがあることをご了解いただきたい。

このように、守護・地頭を朝廷公認で設置した結果としてそれまでの土地制度・地方自治制度は大きく変わっていった。その年である一一八五年（文治元）が鎌倉幕府創設の年として近年主流になっていることもおわかりいただけるのではないだろうか。

一方で、この制度は守護と国司、地頭と領主の対立も招き、結果として幕府と朝廷の対立の一因になったことも見逃せない。

二代目将軍と「十三人の合議制」

そのように武家政権の基礎を作り上げた頼朝が急に死んだ。後継は既に決まっている。長男の源頼家である。一一八二年（寿永元）生まれで、頼朝が死んだ一一九九年（正治元）には既に数えで十八歳。若くはあるけれど、二年前には従五位上・左近衛少将の官位官職を得ており、父の後を継ぐのに不足はないはずだった。

頼家自身もそのことに確信を持っていたのだろう。頼朝が亡くなって間もない二月に朝廷の許しを得て源氏の家督を継承して鎌倉殿の地位につき、父と同じく日本国惣守護に認められるや、三月から四月にかけてさっそく親政を開始した。守護・地頭の人事に手を入れたり、裁判制度の整備を進めたりしている。

ところが、若き将軍が偉大な父と同じように独裁的権力を振るうことは、頼朝以来仕えてきた御家人たちからすれば看過できることではなかったようだ。四月十二日、新しい政治体制が発表された。それは十三人の宿老による合議体制を作り、頼家の政治を補佐させる、というものであった。いわゆる「十三人の合議制」である。この制度は二〇二二年の大河ドラマ『鎌倉殿の13人』のタイトルのもとにもなっている。

なお、この合議体制については従来「頼家の権限を制限するためのものだった」とするのが主流だった。しかし近年になって「あくまで将軍への訴訟取次役をこの十三人に限定したものにすぎない」「宿老たちが何らかの意見を出し、あるいは判断を下しても、頼家が別の判断を下すことはあったので、合議体制が何らかの強制力を持っていたとは言い切れない」と、これまでのイメージを覆す説が有力である。

とはいえ、いかに最終的な決裁権が手元に残されたとしても、若き将軍・頼家にとって己の権力を縛るような制度が不快でなかったはずがない。以後、頼家は己の手足たるはずの御家人たちとしばしば対立を繰り返すことになる。しかもその筆頭が、本来は最も頼るべき関係のはずの、ある一族になってしまうのだ。

十三人の内訳

さて、「十三人の合議制」はどのようなメンバーで構成されていたのだろうか。

大まかには「頼朝を支えた坂東の有力武士」と「下級貴族をルーツにする官僚たち」に分けられる。彼らの政治的立場からもう少し細かく分ける考え方があるので紹介しよう。

・北条氏（北条時政、北条義時）
・比企氏及び縁近いもの（比企能員、安達盛長）
・三浦氏及びその一族（三浦義澄、和田義盛）
・そのほかの有力武士（八田知家《はったともいえ》、足立遠元、梶原景時）
・実務官僚（大江広元、三善康信《みよし》、中原親能《ちかよし》、二階堂行政）

実際、これはかなりバランスの取れたメンバー構成である。

頼朝の妻・政子の実家である北条氏、頼朝の乳母《めのと》・比企尼の嫁ぎ先である比企氏、そして初期から頼朝を助けて活躍した三浦一族と、頼朝と縁近い御家人の名前ばかりが並ぶ。他にも梶原景時は頼朝側近筆頭と言われた功労者であり、大江広元ら実務官僚も幕府の運営に欠かせない。中でも目立つのは、親子で二席を確保している北条氏である。それだけ「新しい将軍の祖父」という立場は大きかったのだろう。

そして、実は彼ら北条氏こそが、頼家や他の有力御家人たちと陰に日向に対立し、激しい争いを繰り広げ、ついには幕府の主導権を握ってしまうことになるのだ。合議制を構成する人々も、あるいは紛争・陰謀に敗れ、あるいは北条氏に従って生き延びる道を選ぶことになる。

北条氏の素性

そもそも、北条氏とはどんな一族なのだろうか。

一般に知られているところによると、桓武平氏の流れで、平忠常の乱の討伐を任せられながら失敗した平直方の末裔であるという。この直方が、忠常討伐に成功した河内源氏の源頼信に譲り渡した場所こそ、のちに幕府の本拠地となる鎌倉であった。その後、時政の父・時方が伊豆国田方郡北条の地に住み着き、北条を名乗るようになった。直方から時政までは五代を数え、一族は代々在庁官人を務めたとされる。

しかし、これらの素性はどこまで信じてよいか怪しい。系図や研究者ごとに主張が違うからだ。時政の父の名前が違い、ルーツの直方からの代が違い、そもそもルーツが直方ではない別の平氏だったりする。また、時政は北条氏の本家筋ではなく、在庁官人を務められるような立場でもなかった、という説まである。

このような素性の混乱をどう受け取ればいいのか。これについては「つまり、北条時政は頼朝と出会うまでその程度の（きちんと系図を残せないほどの）小規模な武士だったのではないか」という説があり、説得力がある。当時の北条氏が動員できた兵力も、諸説あるが四十騎あるいは三十騎、もしくはそれ以下。参考までに、伊豆の有力武家である伊東氏は『吾妻鏡』によれば三〇〇騎を動員できたというから、比べ物にならない。

頼朝に賭ける決断

そんな状態の時政がいる伊豆に現れたのが敗残の流人、頼朝であった。時政は伊東祐親《すけちか》と共にこの若者の監視役を任せられたが、彼の娘の北条政子が頼朝といい仲になり、ついには娘をもうけてしまう。時政がそのことを知ったのは京にいた時のことであった。

この時、時政には頼朝を始末してしまう選択肢もあったはずだ。有名なエピソードとして「頼朝はまず伊東祐親の娘と恋仲になって子をなしたが、祐親はその子を殺して頼朝の命を狙ったので、頼朝は命からがら逃げ延びて時政の庇護下に入った」という話がある。これが本当なら頼朝は実に懲りない男で、時政はいよいよこの若者を殺してしまっても構わなかったことになるが、創作性の高い軍記物語である『曾我物語』などにしか見られない話なので、信憑性は怪しい（祐親が頼朝の命を狙う事件そのものは『吾妻鏡』にも見られる）。

ところが、時政は当初こそ政子を館の中に閉じ込めた（あるいは別の武士のもとへ嫁がせようとした）ものの、政子が脱出して頼朝のもとへ逃げ込んでしまうや、二人を引き離すのを諦めた。頼朝を婿として認めてしまったのである。そして、一一八〇年（治承四）の頼朝の挙兵において、彼の数少ない味方・親族として重要な位置を占めることとなるのだ。

どうして時政は己の娘を、そして一族の命運を頼朝に預ける気になったのだろうか。政子は相当に強情で行動的な娘であったようだから押し切られた部分もあるだろうが、それだけではないはずだ。軍記物語『平家物語』の一種である『源平盛衰《せいすい》記』などはこの頃既に頼朝と時政の間に深い信頼関係があったと記すが、その後の挙兵において二人の意見が衝突するシーンが見られることなどから、ちょっと信用ならない。

では、時政は最初から平氏政権打倒を考えて頼朝を取り込んだのだろうか？　確かに、時政が頼朝と政子の結婚を認めたであろう一一七八年（治承二）から翌年にかけては平氏政権の繁栄にも翳《かげ》りが見え、反平氏の動きもあちこちで現れ始めた時期だ。時政が「これは歴史の表舞台に躍り出る好機」と考えて頼朝を娘婿として認めたという話も、一応の筋は通る。しかし、既に見たような北条氏の勢力の小ささをみれば、非現実的すぎる野望であるように思えるのだ。

対して、時政の当初の思惑はもっと現実的なものだったのではないかという説がある。というのも、この時期の時政は有力勢力である伊東氏らに対抗するため、牧《まき》氏（平氏政権とも関係が深い貴族）や三浦氏（関東の有力武家）と接近していた節があるのだ。流人の頼朝に何の力もありはしないが、かつて武家の棟梁《とうりょう》と謳《うた》われた名誉・名声・権威は残っている。他の武士団との関係性において少しは役立つのではないかと考えたのではないか、というわけだ。

源平の合戦での北条氏

なんにせよ、時政は頼朝に賭け、伊豆で挙兵した。実際これは無謀な賭けで、初戦の伊豆目代《もくだい》・山木兼隆には勝てたものの、期待していた三浦氏の援軍と合流できぬまま石橋山の合戦で大敗してしまう。この時、時政は頼朝と逸《はぐ》れただけでなく、嫡男の宗時を失っている。賭けの代償をしっかり支払わされているわけだ。

しかしその後、安房《あわ》へ逃れた時政らは遅れてやってきた頼朝と落ち合い、三浦氏とも合流して平氏方への反撃を開始。彼らは鎌倉にのちの幕府の基盤となる拠点を整備しつつ、ついには平氏を打倒して武家政権を作ることに成功するのだ。

その中で時政や義時が目立った戦功を残すことはなかったようだ。時政はそもそも鎌倉に落ち着いた後合戦に参加していない。なにしろ、配下の武士が少なすぎる。しかし別方面での活躍はあって、時政は伊豆武士団の取りまとめ役となり、また甲斐源氏との交渉を成功させた。義時も頼朝の側近としてかなり信頼されていたようだ。

とはいえ、北条一族にとっての本番はここからだ。幕府の統治体制が安定し、有力御家人たちが争うようになっていく中で、彼らは存在感を増していくことになる。

コラム

義経と範頼

一族が争い続けた源氏の顛末

鎌倉幕府初期の対立・紛争を追いかけるには大事なポイントがある。それは「源氏一族の影が比較的薄い」ということだ。

普通、武家の歴史を辿るにあたって一族衆の存在は欠かせない。家督や主導権を巡って骨肉の争いを演じることもあるけれど、たいていの場合彼らは本家にとって強い味方だ。利害も一致しやすく、信頼がおける。戦乱の世にあっては重要拠点を任せられるし、平和な時代には重鎮として家臣団に睨《にら》みを利かせてもらえる。

頼朝から頼家へ政権交代がなされるにあたっても、源氏一族が乳母夫《めのと》（教育係、後見人）として後ろ盾になれば、頼家の政治基盤も安定して、十三人の合議制など生まれなかったかもしれない。しかしそうはならなかった。なぜか。頼朝以外の源氏一族はその多くが死んでしまったからだ。

頼朝は清和天皇をルーツとする清和源氏の中でも河内源氏と呼ばれる一族に属する。この一族は本来傍流に位置するが、東国での騒乱において頭角を現し、武家の棟梁と見做《みな》されるに至った。しかし頼朝の父・義朝の時には一族の内紛があり、また平治の乱で平清盛らと争って敗北したことから多くの一族を失っている。さらに源平合戦の中で死んだものもいるし、頼朝と対立したが故に殺されたものさえいる。平氏を京より追い落とした木曾（源）義仲や、戦後頼朝と対立したが故に捕らえられ、殺された源行家などがそうだ。

義経と範頼、それぞれの末路

中でも、影響が大きかったのが、源義経と源範頼《のりより》の二人のケースだ。共に頼朝の異母弟であり、源平合戦では対平氏の最前線に立って武功を上げた。しかし幕府が確立していく中で頼朝に危険視され、最後には殺されてしまう。

義経については仕方がなかった、頼朝が悪いわけではない、とも言えるかもしれない。軍記物語の『太平記』『義経記《ぎけいき》』などで超人的活躍が語られる源氏の若武者・義経は、その型破りな振る舞いのせいでそもそも御家人たちの中で評判が悪かったと推測される。頼朝の側近・梶原景時と義経の間に私的な対立があり、景時があることないことを頼朝に訴えて兄弟仲が悪化したという話もある。だが、同時代の御家人たちが義経に同情的ならそのような声がもっと当時の史料に見られていいはずなのに、知られていない。

しかも義経は頼朝の許可を得ぬままに官位を得るなど朝廷との接近が著しく、武家の頂点たる鎌倉殿の権威を毀損する存在となりつつあって、頼朝としては弟といえど放置できなかったと考えるのが自然であろう。

一方、範頼はどうか。彼は義経のように悪目立ちすることなく、頼朝の関係も極めて良好であった。しかし一一九三年（建久四）になって突如伊豆へ配流されてしまった。その後は定かではないが、何らかの形で殺されたようだ。一説では、曾我兄弟の仇討ち事件（後述）に関連して何かが起きたのではないかと考えられている。たとえば南北朝時代に書かれた歴史書である『保暦間記《ほうりゃくかんき》』という史料は「頼朝暗殺の噂《うわさ》を聞いた範頼が、北条政子に、自分が無事だから源氏は大丈夫だ、などと言ったせいで謀反を疑われた」と記す。他にもクーデター計画がこの事件の背景にあり、範頼はその旗印にされて失脚した、という説もある。

どちらにせよ、頼朝は幕府の重鎮たり得た彼らを排除してしまい、それゆえに自らの死後の幕府体制を不安定化してしまったのである。

第一章

頼朝側近・有力御家人を次々排した北条氏

北条時政《ほうじょうときまさ》

一一三八年〜一二一五年

一族繁栄の礎を築くも実子義時に追放された謀略家

北条四郎時政こそは本書前半の主役といえる人物だ。序章で見てきた通り、彼が「源頼朝」という大穴に一族の運命を賭けたからこそ、その後の北条一族の繁栄はあったのだから。一方で、彼の行いが多くの波紋を残し、対立の原因になったことも見逃せない。やがて息子の北条義時によってその地位を追われ、引導を渡されてしまったのも、結局は彼自身の決定が回り回って害をなした、因果応報の出来事だといえる。

この項では主に頼朝時代の幕府における時政の立場と主要な出来事、そしてのちの破滅の原因になる息子・義時との関係性について紹介する。

亀の前事件

頼朝時代の幕府において、時政はどんな立場にあったのか。旗揚げ当初からの頼朝の味方として、また外戚として、大きな発言力を持っていたのは間違いない。しかも時政の娘であり頼朝の妻である政子が大変に気の強い女性であったから、彼女の発言力の大きさも相まっていよいよ北条氏の存在感は高まったはずだ。

その象徴的な事件として、いわゆる「亀《かめ》の前《まえ》事件」がある。一一八二年（寿永元）だから、まだ源平の合戦が終わっていない頃の出来事だ。以下、『吾妻鏡《あづまかがみ》』に基づいて紹介する。

亀の前というのは、良橋太郎入道なる人物の娘だ。伊豆時代から頼朝に仕えていたらしい。容貌も優れていたが、性格が柔和であったという。そんなところが気に入られたのだろうか、頼朝の寵愛《ちょうあい》を受けることになった。

そのことは政子も知っていたはずだ。身分のある人が側室・妾を持つのは当然だった時代のことである。本心はともかく、表向きは容認していただろう。

ところが一一八二年（寿永元）、政子が出産のために頼朝のもとを離れていた隙を突いて、頼朝は亀の前を御家人・伏見広綱の家に住まわせ、彼女のもとに通った。これを時政の後妻・牧《まき》の方《かた》が政子に耳打ちしたのである。後年、政子と義時は時政・牧の方と対立することになるが、少なくともこの時点での関係はさほど険悪でもなかったらしい。

ともあれ、政子は激怒した。そして、彼女の怒りは浮気した夫ではなく、その寵愛を強く受けた小憎らしい妾に向かったのである。

政子のように夫の寵愛を失った妻が行う習俗として、平安時代から室町時代にかけての日本には「後妻打ち《うわなりうち》」があった。離縁された妻が、仲間とともに新しい妻を襲い、箒《ほうき》などで滅多打ちにするのである。特に室町時代に盛んだったが、鎌倉時代にもあった。

しかし政子はそもそも離縁されたわけではないし、鎌倉幕府の中枢近くにいる人だ。立場というものがある。また、亀の前を預かっているのは立派な御家人なので、女の政子が押し込むわけにいかないという事情もあったろう。ではどうしたか。牧の方の父親、牧(大岡)宗親《むねちか》に命じて、亀の前が匿《かくま》われている屋敷を叩き壊させてしまったのである。

これを聞いた頼朝も怒った。怒ったが、その怒りはやはり直接政子に向かわない。何をしたかというと、実行犯である宗親を呼び出し、叱り、髻《もとどり》を切るという恥辱を与えたのである。

次に激怒したのは時政だ。宗親は彼の舅にあたる。その人になんてことをしてくれるのだと怒り、一族を引き連れて伊豆へ戻ってしまった。こうして、頼朝の浮気問題（当時の常識を考えればそのように言うのはかわいそうだが）は有力武家一つを巻き込む大問題に発展してしまったのである。

とは言ったものの、実はこの事件の結末については詳しくわかっていない。該当の記述があったであろう時期の『吾妻鏡』が欠損しているからだ。しかし、北条氏はその後も問題なく鎌倉幕府に仕えているので、大きな問題にはならなかったのだろうと推測できる。

義時は父に従わなかった

ただ、明確にわかっていることがある。それは、義時は父と一緒に伊豆には戻らなかった、ということだ。

時政らが鎌倉を立ち去った際、頼朝は「義時は穏やかな人だから、父とは違う行動をしたのではないか」と言って調べさせた。すると確かに彼は自分の屋敷にいたので、頼朝は大いにこれを喜び、「子孫の守り」になるだろうと褒めた、という。

亀の前事件を見ると、鎌倉時代黎明《れいめい》期における、北条氏をめぐる人間関係が何となくわかる。

政子は非常にプライドが高く気も強い人で、恥辱をそのままにしてはおけない。牧の方も同じ女性だが、こちらは事件を起こす人、陰謀を企《たくら》む人というイメージだ。時政は牧の方および牧氏を大事にしており、また政治的な圧力を好んで使う（でなければ親族に侮辱をかけられたからといって一族揃って鎌倉を離れたりはするまい。これは完全に外交的圧力、パフォーマンスである）人でもあった。

頼朝は決して妻の尻に敷かれているわけではないけれど、かといって直接喧嘩もしない、微妙な関係性が政子との間にある。そして義時は時政とは別の路線を進み、むしろ頼朝との関係を重視していた。

少なくとも若い頃の義時は受け身の人であるように見られる。源平の合戦でも伊豆武士団の取りまとめや外交面で活躍した父と違って彼には目立った働きがないし、亀の前事件で父に従わなかったのも、頼朝に対する強い忠誠心からだったのか、それとも急な事態にまごついているうちに放置されただけだったのか、わかったものではない。

ただ、頼朝のそばにいて、彼のやりようを観察はしていたはずだ。そのことは、のちに義時が父をはじめとする政治的ライバルたちを次々と葬り去り、ついには朝廷さえも打ち破るにあたって大きな力となったのではないか、と考えられている。

そう考えると、若いうちに目が出ないのは必ずしも悪いことではない、という見方も出てくる。もし義時が若いうちから台頭するような人間であれば、その方向性は二つあっただろう。一つは父・時政と二人三脚で北条氏の勢力を拡大し、その後継者となる道。もう一つは頼朝の側近として役職を得て躍進していく道だ。

しかし、このどちらにせよ、周囲に敵を作ることは避けられない。目立つがゆえ、嫉妬を受けたり、足を引っ張られたり、あるいは父が失敗した時に一緒に没落することもあったろう。義時は父の陰で目立たぬ半生を過ごしたがゆえにそのような問題を避けることができ、かつ頼朝や時政の手法を近くで学ぶことができた。

テクニックやノウハウは本などで学ぶこともできるが、名人・達者のやることを観察するのに勝る学び方もそうそうない。皆さんも、不遇の時期が訪れたとしても腐らず、今だからこそ観察できるものはないかと考えてみてはいかがだろうか。

頼朝時代の時政と義時

もう少し、頼朝時代の時政と義時の立場を掘り下げてみよう。

まず、時政だ。彼は頼朝時代の鎌倉幕府において格別の政治的役職を与えられていない。頼朝は御家人の統率・軍事・警備を司る侍所《さむらいどころ》、政務一般や財政を担当する公文所《くもんじょ》（のちに政所）、裁判を行う問注所《もんちゅうじょ》を設置してそれぞれに別当あるいは執事と呼ばれる長官を置いたが、このどれにも時政を配することはなかった。

また、頼朝は御門葉《ごもんよう》（源氏の御家人に「源」の姓を名乗ることを許し、また将軍の所領である関東御分国の国司に任ずる）やこれに準じる准門葉といった家格を作っていったが、時政はこれらの中にも入っていない。

隠謀家・野心家としての顔を警戒されたのだろうか。亀の前事件が尾を引いていたとも考えられる。また、表立っての役職こそなかったが、時政は頼朝の後見として重要な役目を果たしていたという見方もある。

また、頼朝時代に時政の所領が西国を中心にかなり増えていることも見逃せない。これは役職の代わりに頼朝が渡したものであろうか。なんにせよ、政治的役職はなくともかつて伊豆の吹けば飛ぶような武家であった北条氏が一躍有力武家となったこと、そしてそれゆえに嫉妬や非難のターゲットになったのは間違いないようだ。

そのことを感じさせるエピソードが『吾妻鏡』にある。時政の孫で義時の子である金剛

（のちの北条泰時）が、御家人の多賀重行と行き合った時、重行が下馬の礼を取らなかった、という事件が起きた。金剛に目をかけていた頼朝は「北条氏は格上だから相応しい礼を取るべきだ」と重行を叱責したが、当の金剛が（重行の証言に合わせる形で）非礼は受けていない、と弁護する。これを頼朝は「重行のいうことは嘘《うそ》だが、金剛はあえて庇《かば》っているのだ」と判断し、重行には所領没収の罰を、金剛には褒美を与えた、という。のちに北条氏の当主になる泰時および北条氏を褒め称えるための創作の匂いもするが、頼朝との関係をテコに急速な勢力拡大を遂げた北条氏とその他御家人との摩擦を感じさせる逸話ではないか。

一方、義時はどうだったのか。彼は頼朝が鎌倉に入った頃にはすでに主君の側近として働いており、深い信頼を寄せられていたようだ。一一八一年（養和元）、頼朝の寝所を守る十一人の武士が選ばれた際、その中に彼の名前がある。

また、この時期の義時を語るにあたっては、その呼び名も見逃せない。『吾妻鏡』は多くの場面で彼を「江間《えま》」と呼び、「北条」とは呼ばない。このことから、当時の義時は分家「江間家」の人間であって、本家「北条家」の者ではない、と考える説が有力になっている。

時政には四人の男子がいて、嫡男が宗時、次男が義時、三男が時房、そして四男が牧の方の子・政範である。このうち宗時は先述の通り源平合戦の初期に討死してしまった。だから順当に考えれば時政の後継は義時ということになるが、そうであるなら彼が「江間」と呼ばれるのはおかしい。また、一一八九年（文治五）に行われた時房の元服の儀式は頼朝も出席するような非常に壮大なものだった。これらから、義時は分家・江間家の当主になることで後継者候補の地位を外され、時房こそが（少なくとも政範誕生時点のこの時は）北条の跡取りと見做されていた、と考えられるわけだ。

つまり、義時は北条の人間というよりは江間の人間として、頼朝の側近としての性質の方が強かったのではないか。そう考えると亀の前事件での彼の行動にも説明がつく。そしてまた、やがて来る時政・牧の方と義時・政子の対立の背景にも、このような事情があったと思えば話がわかりやすくなるわけだ。

曾我兄弟の仇討ち

もう一つ、頼朝時代に起きた事件で、時政が深く関わっていたと思われるものを紹介したい。それは一一九三年（建久四）の曾我兄弟の仇討ちである。『曾我物語』の題材として、そしてまた「日本三大仇討ち」の一つとして名高い事件だ。以下、『曾我物語』および『吾妻鏡』から事件の概略を紹介するが、少なからず脚色されている部分もあると思われるのでご注意いただきたい。

発端は伊豆の武家、伊東一族の内輪揉《も》めである。伊東祐親《すけちか》の嫡子・河津祐通《すけみち》が、従兄弟の工藤祐経《すけつね》の手のものによって殺されてしまったのだ。背景には土地を巡る争いがあったらしい。祐通には二人の子がいたが、母の再婚相手である曾我祐信の養子になり、曾我を名乗ることになった。兄は一万（十郎祐成）、弟は箱王あるいは筥王《はこおう》（五郎時致《ときむね》）である。

一方、伊東一族はどうなったか。彼らは源平の合戦においては平氏方につき、頼朝と戦って敗れた。伊東祐親は頼朝方のものによって捕らえられ、罪を許されたもののそのことを恥じて自決した、という。しかし、祐経は平氏との縁もあったが源平合戦の形勢が固まった頃に頼朝に仕え、芸能・教養面で評価されたのか重用されるようになっていた。

祐経は曾我兄弟を殺そうとしたが畠山重忠・和田義盛といった名だたる御家人たちのせいで成就せず、一方兄弟の方は時政に接近していたことがわかっている。弟の筥王が元服したのは時政の前だったという。

やがて兄弟は仇討ちの機会を得る。頼朝が富士野で行う巻狩りに、祐経も同行して参加することになった。そこに兄弟が夜、風雨を気にせず乗り込んで、ついに親の仇を討ったのである。兄はすぐに討たれ、弟も間もなく捕らえられて殺されたが、兄弟の仇討ちは多くの人々に親しまれる物語として残り、江戸時代には「正月は必ず曾我ものの歌舞伎をかける」という伝統になるほど愛されたのだった。

仇討ちの陰に時政の陰謀あり？

この事件、実は裏に陰謀があったのではないか、とする説がある。というのも、単に曾我兄弟による仇討ちとするには、なぜか時致が仇を討った後に頼朝の館に押し入っていたり、武士団同士の衝突が起きたりと、不審な出来事が多いからだ（範頼の失脚もこの事件が原因とされる）。

そのため、「曾我兄弟の仇討ち事件の正体は頼朝暗殺計画である」「その黒幕は以前から曾我兄弟と繋《つな》がりを持っていた時政である」という見方もある。前述の通り時政は政治的に冷遇されていたためそのことを恨み、また己の権力を拡大するために頼朝を討とうとしたのではないか、というわけだ。

ただ、これも既に見てきたことだが、北条氏の所領は拡大しているし、頼朝・時政関係がさほど険悪だったとも思えない。暗殺計画のような綱渡りをするだろうか。ちょっと信じられない。

そして、この事件について面白い説がある。実は背景にあったのは諸国の武士団同士、および中央政府（鎌倉幕府）と武士団の対立だったのではないか、というのだ。実際、事件を機に幕府にとって邪魔な地方勢力が少なからず処罰されているのである。

この説で特に重視されるのは、常陸の問題だ。事件の前、常陸国において頼朝に守護に任ぜられた八田知家《はったともいえ》（のちの「十三人の合議制」の一人）と、従来常陸国に強大な勢力を持っていた大掾《だいじょう》氏の対立があった。幕府側は富士野の巻狩りおよび兄弟の仇討ちによる混乱を利用して大掾氏ら常陸の武士団を罠に嵌《は》めようとしたが逃げられ、また大掾氏のトップである多気義幹《たけよしもと》は所領に閉じこもってしまう。そこで幕府としては多気義幹に所領没収の裁定を下し、また大掾氏のトップにはおそらく以前から幕府と通じていたであろう庶流の馬場資幹《すけもと》を据えた。

また、事件の混乱の中で、相模武士団（大庭《おおば》景義ほか）が時政らの一団とぶつかり合い、多数の死傷者を出す戦闘が発生している。兄弟の仇討ちが美談として喧伝《けんでん》されるに至ったのは、この衝突を糊塗《こと》するためのものだったのではないか、というわけだ。なお、大庭景義は翌年に嫌疑を受けて鎌倉を追放されているが、のちに許されている。

　事件が大掛かりな陰謀であるとするなら、その実行役として活動していたのはおそらく時政となる。そして、彼にも動機がある。工藤祐経は伊豆の支配権をめぐるライバルであった。頼朝との縁を背景に伊豆を支配した時政と、頼朝の寵臣の立場と伊東氏の権威によって再び伊豆に基盤を作ろうとする祐経および彼らの支持者同士に激しい対立があったのは間違いない。となると「追い詰められた若者たちを鉄砲玉にして邪魔なライバルを排除する」というのは、いかにも時政がやりそうな陰謀に見える。

　この説では、頼朝がどこまで関与していたかは確定されていない。無関係だったはずはないが、祐経を富士野で殺すつもりまではなかったかもしれない、と『吾妻鏡』において頼朝が祐経の死を悼む記述を引いて推測している。

　以上、あくまで推測によって組み上げられた仮説ではあるが、鎌倉時代初期の状況を考えれば十分にあり得る陰謀であると考え、また時政が重要な役割を演じているため、ここで紹介した。

野心家・隠謀家の時政

曾我兄弟の仇討にまつわる「時政による頼朝暗殺計画」説にせよ、「時政主導・頼朝黙認による有力武士排除計画」説にせよ、主犯格の名前として時政の名前が上がるのは、単に彼が曾我兄弟の援助者だったからだけではない。時政が生涯を通して見せ続けた野心家・陰謀家としての姿勢で形成したパブリックイメージによる影響が大きいだろう。

詳しくはおいおい本書で見ていくが、このイメージは最後の最後に彼自身の足を掬《すく》う罠にもなったように思われる。野心家・陰謀家はその力を高く評価される一方、「果たして信用できるのか」「今は仲がいいが、最後にはこちらの足を引っ張ってくるのではないか」と見られがちだからだ。

人は付き合う相手をその権力や財力でも選ぶけれど、一方で信頼できるか、背中を預けられるか、でも選ぶ。生きていくために何かしらの陰謀・策謀を駆使する必要もあるかもしれない。野心や闘志をむき出しにし、「俺はこういうことがやりたい」「もっと出世して大きな仕事をしたい」とアピールするべき瞬間もあるだろう。しかしそれらをやりすぎると、周囲から人が離れることがある。教訓として拾っておくべきであろう。

梶原景時

かじわらかげとき　一一四〇年?～一二〇〇年

頼朝の寵臣として権勢を振るうも讒言を機に失脚した御家人

若き二代目将軍・源頼家を支える名目で整備された「十三人の合議制」。その中でも真っ先に脱落したのは、亡くなった源頼朝が側近として恃《たの》み、「第一の郎党」とも呼ばれた梶原平三景時だ。多才で聡明な人であった景時は、その才を遺憾無く発揮して鎌倉幕府黎明期に大いに活躍し、しかしその才ゆえに滅んだ人でもあった。

頼朝との出会い

梶原氏は坂東八平氏に数えられる関東の有力武家の一つ、鎌倉氏の庶流にあたる。鎌倉氏は名前の通り相模国鎌倉郡を中心に勢力を広げた一族で、そのルーツは諸説あるが高望《たかもち》王《おう》の子・平良文《よしふみ》（『三浦系図』）ともその兄弟の良茂《よしもち》（『尊卑分脈』）ともいう。つまり、景時は桓武平氏の一族にあたるわけだ。

では、その梶原氏に生まれた景時は、いかにして源頼朝と出会い、股肱《ここう》の臣となるに至ったのか。通説で語られるのは、一一八〇年（治承四）、石橋山の戦いでの事件である。流刑地の伊豆で挙兵した頼朝は緒戦で伊豆目代《もくだい》・山木兼隆を打ち破ったものの、続く石橋山の戦いでは、平氏方についた大庭景親の軍勢に敗れてしまう。この時、景時はその景親の軍勢にいたのである。大庭氏が同じ鎌倉氏の一族であった縁からだろうか。

頼朝は土肥《とい》の椙山《すぎやま》へ逃れたが、平氏方は山中まで追ってくる。頼朝は絶体絶命の危機となったが、ここで景時が声を上げた。彼は頼朝がいる場所に気付いたにもかかわらず、「この山には人の気配がない」と言い出し、平氏方の軍勢をあらぬ方向へ誘ってしまったのである。こうして頼朝は九死に一生を得た、というのが『吾妻鏡』の語る景時と頼朝の縁の始まりである。

これが軍記物であるところの『源平盛衰記』になるともっとドラマチックになる。頼朝が洞窟（あるいは倒木の下）に隠れていたところ、景親らが捜しにやってきた。その一行の中にいた景時が頼朝を探索して中へ入り、頼朝と目が合う。もはやこれまでと頼朝が自害しかけたところ、景時は押し留めて「お助けします」「戦いが勝利に終わった後は（この恩を）お忘れなく」と囁《ささや》き、戻って「誰もいない」と伝えた。景親は不審に思ったが、景時が「私を信じないのか」と強行に主張したので諦めた、となっている。

どちらにせよ、安房国へ逃れて態勢を整えた頼朝は平氏方の軍勢と戦って勝利し、大庭景親を捕らえた。景時はその戦いの後に頼朝に降伏し、一一八一年（養和元）の正月には頼朝の御家人の列に加えられたのである。

なお、景時が頼朝に味方した時期については異説もあることを書き添えておきたい。『愚管抄』には一一八〇年（治承四）の時点で頼朝の味方として北条時政や土肥《どひ》実平らと並んで彼の名前が記されているからだ。

使える男、景時

頼朝にとって、景時はかなり使い勝手の良い駒であったようだ。『吾妻鏡』が彼を評して曰《いわ》く、「文章仕事が上手いわけではないが、弁舌に優れ、頼朝に気に入られた」という。同じ『吾妻鏡』に、次のようなエピソードがある。一一八四年（寿永三）、頼朝のライバルの木曾義仲を、源義経や源範頼《のりより》、安田義定らの軍勢が討ち果たした時のことだ。諸将は先を急ぐようにして鎌倉の頼朝のところへ勝利を告げる使者を送ったが、景時の使者だけは少し遅れて到着した。どうして遅くなったのかといえば、景時は使者に手柄首や生け捕った相手などの正確な名簿を持たせていたのである。報告のスピードよりも正確性に重きを置いたこの景時の振る舞いを、頼朝は大いに評価したという。

景時が頼朝のために汚れ仕事を引き受けていたような形跡もある。一一八二年（寿永元）、景時は房総半島の有力武将である上総介《かずさのすけ》広常と双六《すごろく》を遊んでいる最中、いきなり彼の首を斬って殺害してしまった。乱心したのではなく、広常の謀反を疑った頼朝の命で誅殺したのである。信頼している部下でなければ、このような役目は任せまい。使い捨てにせず、その後も重用するなら尚更だ。

さらに景時には他の坂東武士にはあまり見られない特徴もあった。京の公家との間にコネクションがあったのだ。この関係性を維持するためには、単に口が上手いだけではいけない。公家たちに馬鹿にされないくらいの教養がなければ話にならなかったはずだが、景時は教養人であり、歌道の嗜《たしな》みもあった。武家政権樹立のために朝廷とやりとりをしていかなければならない頼朝にとって得難い人材である。

もちろん、景時は頭でっかちの官僚ではない。坂東武士として恥ずかしくないだけの武勇の持ち主でもあった。源平合戦における一ノ谷の戦いにおいては、『平家物語』でも「二度之懸」と一章を立てて描かれる活躍を果たした。

この時、景時は先行しすぎた次男の景高を救うべく息子たちを引き連れて敵陣へ突入し、大いに戦ったが被害が多くなって一旦退いた。ところが、長男の景季がどこにもいない。家臣たちの誰もが「討ち死にしたのだろう」と言う中、景時は「自分は息子のためにいるのだ」と敵陣へ再び飛び込んだ。平氏方も大将首を狙って襲ってくる中、景時は見事に敵陣で孤立する景季を見つけ、逃げ延びることに成功したのである。

その組織・集団の中で基本的に求められる能力（鎌倉幕府なら武勇）を持ちつつ、それでいて他の構成員が持たない特殊能力（弁舌）に優れ、しかも特殊なコネクション（公家）まで持っている。まさにオールラウンダーであり、少なくとも能力の点ではビジネスマンは誰もが景時に学ぶべきだ。

讒言の常習犯

しかし、景時が悪評の多い人物だったのもまた事実である。そもそも弁舌のうまさや報告の丁寧さ、公家的な教養があることは、新しい政権を作ろうとしている頼朝にとってはともかく、武勇を尊ぶ坂東武士にとって好ましい特徴であったろうか。答えはどう考えてもノーである。景時は鎌倉幕府を支える武士たちにとって異物だったのではないか。

また、景時には「讒言《ざんげん》」のイメージがつきまとう。この言葉について、小学館の『日本国語大辞典』は「事実をまげ、いつわって人を悪く言うこと。また、そのことば。告げ口。中傷。ざん。讒口。讒舌。讒説。ぞうげん。」と記す。単に事実を誰かに告げるだけでなく、そこに悪意・敵意がこもっているケースを指す言葉なのだと考えて良いだろう。単なる告げ口屋だけでも嫌われがちなのに、「讒言」となっては集団の中で好意的に扱われようはずがない。

景時の讒言（とされるもの）エピソードとしては四つのものがよく知られている。四つ目は彼の破滅に深く関わるものなので後に回し、ここでは三つを紹介する。

第一には、すでに軽く紹介した源義経のケースだ。景時は源平合戦において義経とともに平氏を打ち倒したが、その中では数々の対立があった。一ノ谷の戦いでは本来義経主将・景時副将だったのに両者の反りが合わず、景時は源範頼の副将になっている。屋島の戦いの前には、船に逆櫓《さかろ》をつけて後退できるようにしようという景時の提案を義経が一蹴して揉めた。そして最後、壇ノ浦の戦いに先立っては先陣に立とうとする義経を景時が「大将のすることではない」と諫《いさ》めたせいで、ついにはお互いが刀に手をかけての一触即発にまでなってしまった。

源平の合戦自体は源氏の勝利に終わったものの、戦後に景時は「義経に野心あり」と頼朝に伝えた。結果、頼朝義経兄弟は仲違《なかたが》いをし、先述したような悲劇に至ったのである。

第二に、『吾妻鏡』の語る土佐の武士・夜須《やす》行宗のケースがある。壇ノ浦の戦いから二年経《た》った一一八七年（文治三）三月、行宗は「壇ノ浦で敵方の武将を二人捕らえた」と主張して自分の戦功を認めてほしいと訴えた。しかし景時は「壇ノ浦で味方に夜須という武将はおらず、その二人も自分たちから降伏してきたものだ」と否定したのである。

この時は結局、行宗を知る武士が現れて証言したのでその戦功が認められ、景時は讒言の罰として頼朝に「鎌倉中の道を整備すること」を申しつけられた。

第三もやはり『吾妻鏡』に記されている。畠山重忠のケースだ。同じ一一八七年（文治三）の六月、重忠の代官が伊勢で他者の財産を奪う事件を起こした。従者の罪で別の御家人にその身柄を預けられた重忠は、恥辱のあまり七日間寝食を断つ荒業を敢行し、これを聞いた頼朝は罪を許すことにした。それでも重忠は部下を見る目がなかったことを恥じ、所領へ帰ってしまう。

これで終われば話はここまでなのだが、「重忠が重い罪でもないのに勝手に所領へ戻ったのは、謀反を企んでいるのでは」と疑うものがいた。誰あろう、景時である。この主張を受けて有力御家人たちはどうするかを話し合い、結局使者が送られて重忠の意思が確かめられることになった。謀反を疑われた重忠は怒りのあまり自殺さえ図ったが、使者に説得されて鎌倉へ申し開きに出ることになった。

鎌倉では景時が待ち構えていて、謀反を企んでいないこと示す起請文を提出するように求めた。しかし、重忠は「隠していることなどないから起請文は必要ない」といったことを言って拒否し、頼朝に報告してくれと訴えた。これを聞いた頼朝は重忠および使者の御家人と歓談したが、謀反の件など一切話さなかった。こうして一件落着したのである。

重忠は後述するが源平合戦で活躍した智勇兼備の名将であり、エピソードでもわかる通り坂東武士の誇りを大事にした男である。一方、景時はどうしても関東の御家人たちからは異質な人物であり、また本人の意思がどうだったかはわからないが起きたことだけを見ると「他者の足を引っ張る男」に見えてしまう。どちらが周囲の人気を得るか、火を見るよりも明らかである。

景時には他にも悪評につながる出来事がある。彼は侍所の所司（副長官）を務めたが、和田義盛の別当（長官）職を望んでいた。そこで臨時別当ということで一時的に職を得ると、そのまま九年にわたって臨時のまま別当を続け、実質的に義盛の役職を奪ってしまった、というのである。このような強引なくらいの権力欲も、嫌われがちな要素の一つだ。

ある人材の秀でた特徴は、そっくりそのまま弱点に繋がることがある。優れていればいるほど嫌われ、集団の和を乱すことがある。組織マネジメントをする人なら決して見逃してはいけない問題だ。

梶原景時の変

集団・組織の中でどれだけ嫌われもののポジションに立とうと、絶対的なトップが支持してくれさえすれば、悪評など馬耳東風でいられる。頼朝生前の景時はまさにそのような立場にいたのだろう。『愚管抄』は彼をして、「鎌倉ノ本体ノ武士」、つまり頼朝の一番の武士であると記している。

また、頼朝は彼を跡取りである頼家の乳母夫（教育係、後見人）に任命している。彼の前に同じ役を務めていたのは有力御家人の比企能員で、景時と能員を頼家の側近とし、幕政を安定させていきたいという意図があったのだろう。

しかし、頼朝は突如として亡くなってしまう。予定通り頼家が後継となり、景時はその政治を補佐することになった。だが頼家の権力は制限され、将軍・頼家と有力御家人たちの対立構造が出来上がってしまった。こうなると立場が怪しくなるのが、以前より敵が多く、しかも将軍という虎の威を借る狐としていよいよ嫌われがちなポジションになってしまった景時である。破滅の時は近かった。以下、『吾妻鏡』をもとに紹介する。

きっかけは、頼朝が死んだ一一九九年（正治元）十月に、結城朝光《ともみつ》の身に起きた出来事だ。朝光は頼朝の乳母の子で、鎌倉幕府でも側近として活躍した。そんな彼が頼朝の死を嘆き、「忠臣は二君に仕えずというのに、どうして私は頼朝さまが亡くなった時に一緒に死ななかったのか」と言った。これを聞いた周囲の人々は涙を抑えきれなかったという。

ところがその二日後、朝光は阿波局（北条政子の妹）という女房から驚くべき話を聞かされた。「忠臣は二君に仕えず」という言葉を景時が問題視し、「朝光は謀反を企んでいる」と頼家に讒言した、というのである。そこで朝光が以前から親しかった三浦義村に相談したところ、義村は「文治以来（鎌倉幕府が成立して以降の意味であろう）、景時の讒言で役職を奪われたり命を失ったりしたものが無数にいる、なんとかしなくてはならない」と答えた。そこで和田義盛・安達盛長も加わり、さらに人を集めて訴状を出そうということになったのである。特に義盛は景時から侍所の権限を奪い返したかったはずだから、積極的に動いたのではないか。

結果、なんと六十六人もの有力御家人たちの名が記された景時の非を鳴らす訴状が書かれ、頼家に提出されてしまった。十一月、頼家はこれを景時に見せて反論を求めたが、ついに景時は何も言うことができなかった。その後、一度一宮の所領に移った景時は鎌倉に戻ったものの、正式に追放されてしまうことになる。

翌一二〇〇年（正治二）、景時は再び一宮を離れ、京に向かった。この動きが「甲斐源氏の武田有義を擁立して幕府転覆をはかっている」とみなされ、道中の駿河国で梶原一族は討たれてしまった。これらの事件を「梶原景時の変」と呼び、こうして将軍「第一の郎党」は無惨な死を遂げたのである。

なお、以上の顚末《てんまつ》について『玉葉《ぎょくよう》』が別の真相を語っていることは記しておかねばなるまい。それによると、景時が察知したのは朝光の発言ではなく、頼家の弟・千幡《せんまん》（のちの実朝）を擁立して頼家に取って代わらせようとする陰謀であったという。これを頼家に訴えるも受け入れられず、景時は鎌倉を追われてしまい、滅ぼされた、とされている。

またもう一つ、景時の死が大きな余波を生んだことも補足しておきたい。一二〇一年（建仁元）、越後の城長茂《じょうながもち》が上洛すると、後鳥羽上皇に幕府打倒の宣旨を求めるとともに、御家人・小山朝政を襲撃したのである。この企みはどちらも失敗し、追い詰められた長茂は本国で呼応した一族とともに討ち取られてしまった。「城氏の乱」である。

実はこの長茂、源平の合戦では平氏側について源氏の軍勢と戦い、景時の仲介で許された、という過去の持ち主だった。その恩人の景時の非業の死を受けて、仇討ちに挙兵した、というわけである。これは景時という男の意外な人望を物語るエピソードであるとともに、「平氏残党ともパイプのある景時は、御家人たちからするとやはり怪しい男だった」ことを示すものでもあるのだ。

景時の死と教訓

景時の死は一面的に見れば「嫌われ者が後ろ盾を失って死んだ」という話になるだろう。まだ頼朝が生きていれば、あるいは頼家が積極的に景時を庇えば、彼が孤立して死ぬようなことはなかったはずだ。

ただ、別の見方をすることもできる。鎌倉時代黎明期、将軍は自らの権力を確立して独自の支配体制を築き上げようとしていた。景時はその走狗《そうく》として働いていたといえるが、この頃は特に関東に基盤を持つ御家人たちからすれば自分たちの力を奪うもので、歓迎できなかった。その流れを止めるために御家人たちは景時を敵視し、排除したのではないか。

そして、御家人たちをそのように行動させた背景には、北条時政・義時ら北条氏がいたのでは、とする見方があることをここで紹介しておきたい。そもそも、一連の事件のきっかけになった景時の讒言について「あった」と言っているのは阿波局だけなのである。他の証言は史料に残っておらず、本当に讒言があったかどうか今となっては確かめようがない。実はそのような讒言などなく、しかしあれよあれよと状況が切羽詰まってしまったから頼家も否定しようがなくなった、という可能性もあるのではないか。

そして、彼女が政子の妹であることを除き、この一件に北条氏が全く関わっていない(六十六人の訴状に名を連ねていない)のがむしろ怪しい。時政らは関東の御家人たちの危機意識に付け込んで景時を排除し、ひいては頼家の力を削って、源実朝を擁立しやすくしたのではないか。そうであるなら、パワーゲームの生贄《いけにえ》にされた景時こそ哀れである。

才能のある人が権力者の後ろ盾を得た時、できることは限りなく広がる。組織や社会を作り変えることは大きな快感とやりがいにつながるだろうし、同僚や上司を蹴落とすことだって（権力者が許す限りは）簡単だ。だが、それは権力者と結びついていられるごく短い期間のことに過ぎない。権力者が交代したり、力が弱まったりしたら、真っ先に排除対象になる。現代を生きる組織人としても肝に銘じるべき教訓であろう。

これを避けたかったら集団の中で浮き上がらないようにするか、あるいは排除されそうになったらその前に逃げるしかない。景時が逃げるのは難しかっただろう。早めに職を辞しても、積年の恨みで滅ぼされそうだ。しかし、幸いなことに現代ビジネスの世界には転職や独立という道がある。自分を引き立ててくれた権力者がいなくなったら速やかにその組織・集団を離れることで、破滅を避けられるだろう。機を見るに敏でいたいものだ。

阿野全成

あのぜんじょう 一一五三年〜一二〇三年

実質的には将軍・北条氏対立の巻き添えを食らった頼朝の弟

武家の棟梁と呼ばれた河内源氏は内紛や平治の乱で危機に陥るも、源頼朝が源平合戦で平氏政権を打ち倒して鎌倉幕府を成立させた。しかし、相次ぐ争いの中でその血筋が細くなっていたのは事実だ。源平合戦終結後にさえ、前述のコラムで触れた義経や範頼の悲劇が起きている。

そんな中、数少ない生き残りが頼朝の弟・阿野法橋《ほうきょう》全成であった。彼は河内源氏の正統を継ぐものであり、年若い将軍・源頼家を支える重鎮として振る舞うことを期待されていただろう。しかし、そうはならなかった。

むしろ全成は頼家を追い落とそうと画策し、逆襲されて身を滅ぼすことになる。その背景には、頼家および将軍側近たちと、その弟・源実朝（千幡《せんまん》）を擁する北条氏との対立があった。

一族の離散、兄との再会

全成は源義朝と常盤《ときわ》御前（両親の素性は不明）の間に生まれた子である。頼朝の異母弟で、義経にとっては同母兄に位置する。

平治の乱で義朝が敗れた後、義朝の子たちはバラバラになった。既に長じていた頼朝は伊豆に流されたし、義経は寺に入れられたのちに奥州へ逃れる。そして「今若」と呼ばれていた幼い全成は、京の醍醐寺で僧としての修行を始めた。

やがて一一八〇年（治承四）に源平の合戦が始まると、全成は「修行」と偽って寺を抜け出し、頼朝が鎌倉に入る直前の十月一日、他の兄弟たちに先んじて頼朝と合流する。この時、頼朝は涙を流して喜んだ、という。この時点で既に河内源氏の一族はかなり数を減らしていたから、信頼できる味方である弟の合流は、頼朝にとってさぞ嬉しかっただろう。

同じように合流して源平合戦で活躍した兄弟の義経・範頼らと違い、以後の全成についてはあまり活躍の話は聞こえてこない。それでも断片的には『吾妻鏡』などで消息を知ることができる。頼朝と合流した翌月には武蔵国長尾寺を住処と定めたこと。それから駿河国阿野へ移り、以後彼の一族は「阿野氏」と呼ばれるようになったこと。そして、北条時政の娘を娶《めと》ったことだ。

この時政の娘が、梶原景時の項で登場した阿波局であることが、全成の運命を少なからず変えたと思われる。

有力者と付き合うことの難しさ

たびたび連絡を取り合う。友人になる。相手の娘や息子と婚姻関係を結んだり、子供同士を結婚させたりして親族関係になる。その他、付き合いの深さにはグラデーションがあるにせよ、有力者となんらかの関係性を持つのは、今も昔も出世・勢力拡大のための常套《じょうとう》手段の一つだ。

特に近代以前は政略結婚が当たり前であったから、誰を妻に迎えるか、どんな婿のもとへ娘を送り出すかを「己と一族の運命を左右するための重要な選択」と考えた。

恋愛結婚が当たり前になった現代では少々時代遅れの印象があるかもしれない。しかし政略結婚や仕事の都合を考えての結婚がなくなったわけではない。また、結婚とまではいかなくとも「どの重役と仲良くするか」「どの取引先を優遇するか」など、形を変えてこの問題は残り続けている。

このように今も昔も「誰と仲良くするか」問題が人々（特に野心ある者たち）を悩ませるのは、メリットとデメリットの双方があるからだ。メリットはもちろん、有力者からの引き立てや支援が期待できること。相手に明確な後継者がいない場合は、そっくりそのまま勢力を引き継ぐことさえできるかもしれない。

では、デメリットはどうか。第一の問題は、その有力者を取り巻くグループ内の問題に巻き込まれる可能性があることだ。大抵の場合、有力者の支援を得たい者は複数存在する。彼らの中で有力者の寵愛を求めて椅子取りゲームが始まるのは世の常だ。

と言っても、全成にはこの問題はない。彼は頼朝の弟で河内源氏の一族という高貴な血筋だからだ。時政がいかに有力御家人といっても、彼に媚《こ》びへつらって「時政派」の中の順位を争うまではしなくて良い。どちらかといえばWIN-WINの関係であったろう。

全成に降りかかったのは別の問題だ。つまり、ある有力者と深い関係を持つと、その有力者と敵対する別の人物・派閥から敵視され、場合によっては攻撃されるケースがあるのだ。「敵の味方は敵」というわけである。

そのため、誰と仲良くなるか、その後どう動くかは慎重に見極めなければいけないのだが、どうも全成はその点でルーズだったのではないか。そのように思うのだ。

阿野全成の変

源平合戦やその後の鎌倉幕府創設において、全成に目立った活躍や功績がなかったとしても、全成は頼朝の実弟であり、北条時政と縁続きであるという点で、紛れもない幕府の有力者であった。おそらくはそのようなつながりから、全成は頼朝に次男・千幡（のちの源実朝）が誕生するやその乳母夫を任せられている。

やがて頼朝がこの世を去り、頼家が父以来の宿願である将軍権力の強化を志すと、全成は自然と千幡を擁護して時政と組み、頼家と対立することになった。その結果、事件が起きたのは一二〇三年（建仁三）五月のことだ。

「阿野全成に謀反の疑いあり」。鎌倉に流れたこの噂に敏感な反応を見せたのは将軍・頼家であった。武田信光を送り込んで捕縛させると、常陸国へ配流してしまったのだ。この時、頼家は全成の妻である阿波局を引き渡すように母・北条政子に求めたが、必死に抵抗されたためこちらを捕らえることはかなわなかった。のちに全成は下野国で殺害され、彼の三男の頼全《らいぜん》も京で殺されてしまっている。

なお、阿波局との間の子で四男ながら嫡男であった時元は許されてしばらく隠棲することになるが、やがて大きな事件を起こすこととなるので、その運命は後述したい。

この事件（阿野全成の変）を受けて、梶原景時の死で北条氏側（千幡側）に傾いていたパワーバランスは、グッと頼家側に引き戻されたといっていいだろう。

逆に言えば、北条氏側にとっては辛い展開だ。なにしろ、千幡の乳母夫が謀反人として討たれてしまったのだから、これでは頼家を廃しての千幡の将軍就任は難しい。とりあえず新しい乳母夫には時政がつき、しばらくは状況が動くのを待つことになる。

目立つことの恐ろしさ

なぜ全成は討たれてしまったのか。全成が時政と組んで頼家を追い落とすべく策謀を巡らせていた（つまり本当に謀反をする気だった）という話もあるが、だとしても矛先が時政ではなく全成に向いたのはなぜか、という話になる。

これらの答えは一にも二にも「強い基盤もないのに目立ったから」に他ならない。初代将軍・頼朝の弟が北条氏と結びつけば、それだけで今の将軍にとっては敵視の対象になる。「もしや俺の地位を狙っているのか」と思われても仕方がない。言い換えれば、全成とは北条時政・義時が野心をもって頼家と対立する中で、北条氏によって重要な役割を担わされたがゆえに死んだ、つまり北条の犠牲になった人といえる。

なにしろ、全成はこの時たった一人生き残っていた義朝の子である。本家筋として義朝の孫・頼家がいるとはいえ、河内源氏の正統を継ぎうる存在として、全成の声には相応の重みがあったはずだ。そんな彼が北条時政の娘婿になり、将軍の弟の後見人になっているのだから、政治的な意味合いは非常に大きい。頼家としてはまさに目の上のたんこぶであり、なんとしても排除しなければいけない存在だったのである。

もちろん、頼家陣営からすれば、この事件には「梶原景時の変の仕返し」という意味合いも強かったはずだ。有能な側近である景時を失った以上、相応のダメージを千幡・北条氏陣営にも与えなければ、将軍の沽券《こけん》に関わる。そのターゲットとして、目立つ存在であり、また景時を陥れるにあたって積極的な役割を果たした阿波局の夫である全成はちょうど良かったわけだ。

本当に時政・全成による将軍おろし計画があったにしても、なかったにしても、頼家にとって時政は手が出しにくい相手だ。血筋の話はおいても、親子で「十三人の合議制」のうち二席を占めていた有力者であり、所領も大きい。ということは武力も十分だ。であれば、有力御家人の一人で叔父とはいえ、全成の方が討ちやすかったのではないか。

このことから見出せる教訓は「実力以上の権威・名声（全成の場合は河内源氏の生き残りであり将軍の叔父であること）は時に身を滅ぼすことがある」であろう。権威・名声は大きな武器だが、いざ対立が紛争に発展した時、真っ先に狙われる目印にもなる。実力が伴っていないなら尚更だ。

特に全成の場合、それは生まれ持った血筋に起因するものだから、逃げるという手は使いにくい。時政・頼家双方から距離を取っても、結局なんらかの難癖をつけられて滅ぼされた可能性は高そうだ。ならばいっそ、対立を紛争に発展させず、己の権威をもって調停するという道はあったかもしれない。その荒くれぶりから軍記物語の『平治物語』に「悪禅師」と記された全成にそれが可能だったかどうかはともかく、選択肢としてはあり得たであろう。

比企能員

ひきよしかず　生年不詳〜一二〇三年

将軍外戚として権勢を誇るも
北条氏の謀略で謀反人とされた御家人

比企藤四郎能員と比企一族こそは、北条一族がなんとしても排除しなければならなかった政敵である。それは単に「十三人の合議制」の構成者だったからではない。両者は共に「頼朝およびその一族」との結びつきによって発展した勢力であったからだ。同じ関東の武家である三浦や畠山などと比べた時、彼らの権力基盤はあくまで鎌倉殿（将軍）との関係に偏っている。

比企氏が「鎌倉殿の外戚」として更なる発展を遂げた時、北条氏は「かつての鎌倉殿の外戚だった家」として衰えるであろう。時政はそのような未来を受け入れるわけにはいかず、かくして暗闘が始まる。

比企氏の素性

比企氏についてわかっていることは少ない。系図によっては相模の武家・波多野氏の末裔と見なすこともあるが、はっきりとはわかっていない。間違いないのは、「比企尼」という女性が源頼朝の乳母であり、平治の乱後に頼朝が伊豆へ流されると、夫（比企掃部允《かもんのじょう》。本名は比企遠宗とも）とともに武蔵国比企郡へ下ったことだ。都落ちした頼朝が慣れない関東で暮らすにあたって、二人の援助が大いに助けになったのである。

二人の間には息子として比企朝宗がいたとされるが、なぜか掃部允の跡は継いでいない。なお、この朝宗の娘は姫の前という女性で、北条義時に嫁いでいる。

では、能員は何者か。彼は比企尼の義理の息子（猶子《ゆうし》）であった。父や母が何者かはわからないが、『吾妻鏡』は比企尼の甥であると記す。また、阿波の人（あるいは安房の人）であったともいう。

義母の縁から、能員は早い時期から頼朝に仕えて活躍したようだ。源平の合戦やそれに続く奥州藤原氏征伐中に彼を見いだすことができる。しかし、もっと重要なのは一一八二年（寿永元）の出来事だ。頼朝はこの年に生まれた嫡男・頼家の乳母夫に、能員を任命したのである。ここに頼朝と比企一族の深い繋がりを見出すことができる。

能員はさらに頼家との関係を強化する。己の娘・若狭局を頼家に嫁入りさせたのだ。二人の間には一幡《いちまん》が生まれ、次代の鎌倉殿（将軍）とみなされるようになる。これによって能員は将軍の外戚、つまりかつての北条時政と同じポジションを占めることになったわけだ。しかし一方で時政は頼家の弟である千幡を擁立する。その結果、頼家・一幡・能員・そして将軍側近の武家と、時政・千幡らによる派閥対立の暗闘が始まったと見られるのは、すでにここまで見てきた通りだ。

頼家にとって比企氏はまさに頼るべき後ろ盾であった。「十三人の合議制」成立直後、彼は四人の側近について「彼らが鎌倉で狼藉を働いたとしても訴えてはならない」というルールを決めており、これは側近（おそらくは合議制にまつわるルールのせいで将軍に訴訟の話を直訴することができなくなった人々）の力を強化することで合議制によって自らの力が損なわれることがないようにしたのだと考えられる。その中に、能員の子が二人（宗員《むねかず》・時員《ときかず》）も入っているくらい、両者の関係は密接であったのだ。

ただ、比企氏は頼朝・頼家との関係によって幕政で大きな力こそ持ったものの、所領や役職については史料ではあまり確認できない。本拠地である武蔵国比企郡の他、信濃国目代・守護と上野国守護など数えるほどなのだ。そのため、勢力基盤はさほど大きなものではなかったのでは、とも考えられている。もしそうなら、このことはのちの比企氏の乱における悲劇で大きな要素となったことだろう。

安達景盛の離反

鎌倉殿後継者争いをめぐる北条・比企両勢力の対立について、一つここまでで触れてこなかったエピソードを紹介したい。それは能員と同じ「十三人の合議制」の一人・安達盛長の子で、比企氏とも縁の深い安達景盛にまつわる事件だ。

安達氏のルーツはよくわからない。しかし盛長は比企尼の娘を妻として迎えていた関係から伊豆時代の頼朝と縁が深く、その関係から頼朝の挙兵に親子で参加している……というあたり、もともと武蔵の武士であったのだろうか。このような繋がりから、少なくとも「十三人の合議制」成立時、景盛は能員・頼家の有力な味方であったはずだ。

ところが、ここに事件が起きる。頼家が景盛の妾に惚れ、彼が鎌倉を離れていた隙にこれを奪ってしまったのである。景盛は大いに激怒したが頼家の側も一歩も引かず、景盛の態度をむしろ「謀反である」として責めた。両者は共にヒートアップし、一触即発となる。

ここで割って入ったのが頼家の母・北条政子であった。彼女は景盛の屋敷を襲う頼家側近たちに「安達一族には何の罪もない」「それでも討つならまず私を討て」などと言い放って、両者の争いを止《や》めさせた。

これでとりあえず事件は終わったが、頼家に対する景盛の印象がよかろうはずもない。一方、政子（北条氏）には深い恩を感じたはずだ。以後、安達氏は北条氏に急接近する。能員・頼家にとってみればとんだ珍事で有力な味方を失ったことになる。

なお、この事件の背景には、夫婦の間の結びつきが弱く、他者の妾を奪ってもさほどの問題ではないという公家的な文化に染まっていた頼家らと、夫婦の結びつきが強い坂東武家の価値観を持つ景盛らの、いわば文化的な対立があったと考えられている。下級公家出身の大江広元が「かつて鳥羽上皇（白河上皇の間違いとされる）が家臣の妻を奪って、家臣は配流にしてしまったことがある」としてあまり問題視しなかったのに対し、坂東武家の人である政子が息子の振る舞いを咎《とが》めたあたりも、傍証といってよかろう。

現代社会で考えたとき、流石《さすが》に部下や同僚の恋人・妻を奪って平然としている人はいないだろうけれども、価値観の衝突・すれ違いで「大したことがない振る舞いだと思ってやってしまったことが、相手にとって最大限の侮辱だった」というのはよく聞く話である。特にこのような衝突は「自分の方が相手よりも優位な立場にいる」「相手よりも知識が広く、教養が深いと思い込んでいる」ケースで起きるようだ。鎌倉時代初期、武士たちはしばしば京風の（公家風の）文化に憧れ、これに染まりたいと考えていた。頼家にも、京風に振舞って何が悪いという思いがあったのではないか。しかし、そのような時にこそ、破滅的な対立というのは起きるものである。

比企能員の変

話を将軍後継者をめぐる北条・比企対立に戻そう。

両者の暗闘は梶原景時の変や阿野全成の変といった形で表に現れつつ、しかし直接対決にはならぬままだったと考えられる。優位に立ったのは能員だが、時政は千幡の乳母夫になることで彼への直接的な影響力を強め、能員としても無視はできない位置を占めた。

両勢力の間で緊迫感が高まる中、ついに「比企能員の変」が起き、北条氏の攻撃により比企氏は滅亡。その煽《あお》りを喰らって頼家も死ぬ。千幡が三代将軍源実朝となり、幕府における北条氏の権力は盤石なものとなる。

ところがこの事件、「北条が勝って比企が敗れた」という結果は明確なものの、「どうしてそうなったのか」「誰が仕掛けたのか」という過程については二つの重要な史料が正反対のことを記している。『吾妻鏡』によれば最初に敵を排除するべく動いたのは頼家と能員で、時政は身を守るために反撃せざるを得なかった、という。一方、『愚管抄』は時政側による攻撃、クーデターであったと記す。

どうしてこのように意見が分かれるのか。それは幕府の公式記録である『吾妻鏡』と、能員の娘婿であったため比企氏側で戦って滅ぼされた糟屋有季の子供たちが京へ逃れてきて語った証言をベースにしている『愚管抄』の違いである。前者は北条氏の、後者は比企氏の、それぞれの主張に立脚しているのだから、見方が違うのは当然だ。

比企能員の変（公式見解）

まずは幕府の公的見解における事件の展開を見てみよう。そもそものきっかけは、頼家の急病だった。一二〇三年（建仁三）七月、頼家は病の床に倒れる。さらに翌月、危篤状態になったようだ。

こうなると「頼家が死んだ後、どうするか」を考えなければならない。長幼の序を考えれば頼家の長男・一幡が最有力候補者となるが、話はそれでは終わらなかった。頼家の弟・千幡も有力候補だった。というのも、この時代の武家では分割相続が当たり前だったからだ。そして、繰り返し触れてきた通り、頼家と一幡の背後には比企氏がいて、千幡の背後には北条氏がいる。彼らは自らの勢力を維持するためにも、何とかして自分たちが擁する人物を将軍にしたい。

幕府内で交渉が行われ、妥協案が成立した。すなわち、一幡に「日本国惣守護」と「関東二十八ヶ国の惣地頭」が、千幡に「関西三十八ヶ国の惣地頭」が、それぞれ継承されることになったのである。

このまま平和裏に分割相続が行われるなら良かったのだが、そうはならない。第二のきっかけになったのは、能員と頼家の密談である。二人は御所の寝所で「いかに時政を討つか」を話し合っていたらしい。分割相続が不服で、武力によって問題を解決しようと考えた、という筋書きである。ところが運悪く、これを聞くものがいた。頼家の母・政子である。政子としては父を害する話など放っておくわけにはいかない。すぐさま使者を時政のところへ送った。

時政はどうしたか。「やられる前にやる」と決断し、まず大江広元の屋敷を訪れ、味方に引き込もうとした。中立を保とうとする広元に「熟慮してほしい」と言われて一度は引き下がるも、改めて能員殺害を決断。広元を自分の屋敷に招いて、半ば無理やり味方することを承知させる。

具体的な手段は暗殺であった。「薬師如来の供養を行う」と言って能員を誘《おび》き寄せ、そこで殺してしまったのである。能員の家臣たちは危険だと彼を諫めたが、聞き入れてもらえなかったという。

幕府は政子によって掌握され、「比企氏は謀反人」という宣言がされた。これに反発する比企一族は頼家の嗣子《しし》・一幡を擁して小御所に立て篭もる。だが、北条氏の命令を受けた御家人たちが小御所を攻撃、比企一族はもちろん、一幡まで殺してしまう。間もなく頼家も幽閉（のちに殺害）されたため、頼家および比企氏の勢力は一掃されるに至ったのだ。

比企能員の変（敗北者の主張）

続いて、比企氏寄りの見解であるとどうなるか。そもそも『愚管抄』には頼家の病気の記述は出てきても、分割相続の話は出てこない。病で将軍を続けられぬと悟った頼家は、息子の一幡に跡を譲った、とだけ記されているのだ。

さらに第二のきっかけである密談の話も怪しい。頼家は大江広元の屋敷で病に倒れていたことになっている。御所の寝所で能員と時政討伐について話すことなどできるのだろうか。仮に頼家が御所にいたとしても（病から回復後の話という見方もあるため）、聞かれてまずいような話をそんなに堂々とするものだろうか。この辺りを考えると、時政らの行動の動機になった「北条討伐の密談」そのものが胡散《うさん》臭くなる。

また、小御所攻撃に際しても、引っかかるところがある。『愚管抄』側の記述には、「比企氏が謀反人と見做された」という記述がないのだ。となると比企氏攻めは公的な討伐ではなく、あくまで北条氏の独断、軍事クーデターということになる。しかも、『吾妻鏡』では小御所でそのまま殺されたことになっている一幡が、母に連れられて脱出し、しばらくは生きていた（結局見つけられて殺されているが）とも記されている。

真実はどこにあるのか？

この二つの主張、どちらを信じるべきであろうか。客観的に見ると、『吾妻鏡』の記述に無理が多いように思える。

頼家が死んで一幡が将軍になると、いよいよ北条氏は将軍家との結びつきが弱くなり、窮地に追い込まれてしまう。だから能員・頼家・一幡を始末する、と考えた方が、話の筋が通っているのだ。分割相続に不満を持った能員・頼家側による攻撃というのもあり得ないとは言い切れないが、「六歳の一幡が将軍として立つには幼すぎると言っても、並び立つのが十二歳の千幡というのは無理がある」という反論には強い説得力がある。

また、面白い指摘がある。藤原家実の日記『猪隈《いのくま》関白日記』に、「後醍醐天皇のもとに、頼家が九月一日に病死したので千幡を次の将軍に任命して欲しい、という申し出が幕府からあった」という記述がある。しかし実際には頼家はこの時点でまだ生きているし、それどころか使者が鎌倉を出発したと思われるのは九月一日あるいは二日で、時政が能員を暗殺する前日あるいは当日なのだ。

つまり、時政は能員・頼家・一幡を始末する決意を固めた段階で天皇に使者を送ったことになる。明らかに能動的に動いているのであって、「比企氏側から攻撃を受けたので止むを得ず反撃した」とはとても思えない。

逆に言えば、時政にさえ「暗殺という非常手段を取らねばならぬ」と決意させるほど、当時の幕府において北条氏は劣勢であり、比企氏は優勢であったと考えれば、いろいろなことに筋が通る。このままでは何もかも台無しになると考えたから時政は能員を殺したのだし、もはや勝ったと確信したから能員は堂々と時政の屋敷を訪れた、というわけだ。そこで殺されてしまったのだから、能員の死の原因は油断としか言いようがない。

ここで時政の振る舞いを卑怯と謗《そし》るのは容易《たやす》い。しかし、ギリギリの状況に追い込まれた時に一か八かの賭けに出る決断力と、その後に正当性を得るための行動力は賞賛されるべきであろう。『吾妻鏡』は一連の事件を北条と比企の私的な闘争ではなく、あくまで「幕府を主導する北条と、これに反旗を翻す比企」の構造に落とし込んだ。その背景には、事件当時の時政による主張があったはずだ。

もちろん、現代を生きる私たちの視点で考えた時、「いざとなったら相手を殺す」などという手段は取れない。しかし、絶体絶命の状況に追い込まれた時に使える反則ギリギリの手段を確保しておくこと、そして使わねばならぬとなったならば躊躇《ちゅうちょ》せず使い、その後は正当性の確保に全力を傾けること。比企氏の乱における時政の振る舞いから、これらの教えを導き出すことができる。

事件の結果、千幡は三代将軍・源実朝となり、時政は初代執権として将軍を補佐する地位を手に入れた。まだ歳若い将軍であるから、実質的な幕府の主導者は時政である。しかし、これで長期安定とはいかぬのが鎌倉幕府初期の難しさであった。

源頼家

みなもとのよりいえ 一一八二年〜一二〇四年

後ろ盾の比企氏を失い北条氏により追放、暗殺された二代将軍

鎌倉幕府二代将軍、源頼家。父が残した武家政権を継承し、発展・安定化させようとした若者は、道半ばにして死んでしまう。それも、本来味方になって然るべき血縁の北条一族と対立した末、押し込められて死ぬという無惨な最期であった。

その死の原因になったのは、『吾妻鏡』に記されているような乱暴狼藉、あるいは蹴鞠への傾倒といった不品行や徳の無さだったのだろうか。それとも、祖父・時政の野心の邪魔になったから殺されたと評価するべきなのだろうか。

御曹司・頼家と両親の微妙な関係

ここまでも触れてきたが、頼家は鎌倉幕府初代将軍・源頼朝と、その正室・北条政子の間に生まれた長男である。彼が誕生した一一八二年（寿永元）には既に頼朝は挙兵しており、頼家は源平合戦の只中で生まれたことになる。

頼朝は明らかに己が作り上げた鎌倉幕府を頼家に引き継がせようとしていた。一一九五年（建久六）に東大寺供養参列のために上洛した際にわざわざ頼家を引き連れ、時の後鳥羽天皇ほか朝廷の人々に披露したのも、「この者が私の後継者である」とアピールするためのものだったのは間違いない。

実際、二年後には従五位の上・右近衛少将の叙任が鎌倉にいる頼家に伝えられている。京都にいないのに右近衛少将の役を与えられたことは当時として特別扱いであり、またそもそもこれだけの高位の役職を与えるのは公家で言えば摂関家の庶子と同じ扱いをしていることを意味してもいる。

これは頼家が頼朝の後継者として認められていたこと、そして頼家（ひいては背後にいる頼朝）に対して朝廷が大変に気を遣っていたことの証拠になっているわけだ。頼家はまさに将軍になるべき人として育てられたことがわかるだろう。

さて、頼家について語る時、重要なポイントの一つは父母との関係であろう。この若き将軍は、父との関係はおおむね良好であったが、母親との間柄は微妙であった。そのことは彼の生涯にわたり暗い影を投げかけていたように思う。

頼朝は頼家に弓馬の芸、すなわち弓術と馬術を徹底的に叩き込んだ。この二つは当時の武士たちにとって必修の武芸である。しかし頼朝は単に息子にこれらを学ばせるだけでなく、「成人までの間、弓馬を習う以外の他のことをさせてはいけない」と手紙に書いていたことが『吾妻鏡』に記されている。武士を統率する鎌倉殿＝将軍として、武芸に秀でていることが大事だと考えたのだろう。

実際、頼家はその通りに成長したようだ。一一九三年（建久四）の富士野の巻狩において、彼は見事に鹿を一匹仕留めている。御家人・愛甲季隆《あいこうすえたか》が上手いこと鹿を誘導した結果であるようだが、高貴な人の狩りとはそういうものであろう。また、武士にとっての大規模な狩りは軍事訓練とイコールであったから、部下の力を引き出すのも武将の嗜みとはいえる。

ともあれ頼朝は己の息子の初めての狩りの成功を大いに喜び、早速使者を鎌倉の政子のところへ送って報告をさせた。妻も頼家の活躍をさぞ喜んでくれると思ったのだろう。ところが戻ってきたのは「武将の跡取りが野山で獲物を獲るのは当たり前のことで、わざわざ報告されても煩わしい」と、なんともけんもほろろな返事であった。『吾妻鏡』はこの一連の出来事紹介しつつ「使者に立った武士（梶原景時の子、景高《かげたか》である）が恥をかいた」と記しているが、もし本当にこんなことが起きたのなら、真に恥をかいたのは頼朝であり、また頼家であったはずだ。

政子はなぜ夫と息子に恥をかかせるような真似をしたのだろうか。単に、武芸を優先する頼朝の教育方針に反対だったのだろうか。自ら野生動物の前に出るような危険な真似を戒めたかったのだろうか。それとも、この前年に産み落としたばかりの千幡（実朝）を寵愛し、頼家を遠ざけるようになっていたのだろうか。理由は想像するしかない。

もし、夫婦の不仲あるいは教育方針をめぐる対立が、頼朝死後の頼家・北条対立とその後の破滅に繋がったのであれば、実に哀れな話である。しかし、現実にはよくある話だ。特に前近代的な組織ではトップの判断に全てがかかっているケースは珍しくなく、その根拠が個人的な好悪であったとしても誰も止められない可能性があった。

一方、現代の組織・集団の多くはトップが何もかも決定・差配できるようにはなっていない。ある会社の社長が「あの取引先の社長が嫌いだ」と叫んだからといって、即座に取引を停止することは少ないだろう。しかし、組織の主導権を持つものの好き嫌いは陰に日向に方針決定へ影響を与えるし、内部対立の原因にもなり得る。当然、これはいいことではない。

頼家の奇行と時政

そのような母親との関係が影響したのだろうか。それとも、北条氏が方針として千幡に肩入れすると決めて頼家と距離を取ったということなのだろうか。頼家と母の実家である北条氏との関係はどうにも疎遠であったように見える。

代わって、頼家が第一に頼りにしたのは乳母夫であり、また妻の父でもある比企能員であった。さらに「第一の郎党」とも見られた梶原景時の存在も大きかったはずだ。さらに能員の子供たちも含む有力武家の子弟、また京から下ってきた人々などが頼家の側近を形成することになる。この側近たちはさまざまな勢力からバランス良く選ばれていたようだ。

頼朝の急死によって鎌倉殿・将軍の地位を継承した頼家は、彼ら協力者・側近とともに将軍権力の強化、幕府体制の安定化を目指した。しかし御家人たちの反発を受け、また幕府の主導権をめぐる争いに翻弄されてしまったのは、本書でここまで既に見てきた通りである。

有力御家人たちによって構成された「十三人の合議制」が近年の研究の通り必ずしも頼家の権力を損ねるものでなかったとしても、「お前には父親と同じように御家人たちを従わせることはできない」と突きつけられていることにかわりはない。若き将軍にとって心地よいものではなかったはずだ。

そんな中、頭角を現してきたのが時政だ。頼朝時代には幕府内に役職を持たず、しかし将軍の外戚（あるいは後見も？）という形で特別な地位を占めていた彼だが、将軍が交代すればその立場は失われてしまったわけだ。しかし「十三人の合議制」の一人に選ばれたのを皮切りに、時政は表舞台へ出ていく。

象徴的なのは、一二〇〇年（正治二）正月に椀飯役を務めたことだ。椀飯は本来的には饗宴《きょうえん》の食事あるいは饗宴そのものを指す言葉であったが、鎌倉時代には「御家人の代表者が、三箇日に椀飯の酒や肴を、太刀や馬、弓矢といった品々と共に将軍へ献上する」儀式となっていた。その椀飯役の一日目を担当するということは御家人のトップに立ったことに他ならない（なお、この年の二日目担当は千葉常胤《つねたね》で、三日目は三浦義澄《よしずみ》である）。

また、同じ年の四月には駿河守の地位も与えられた。これは時政が前述の准門葉として遇されるようになったことを意味している。

このような一連の時政の厚遇と、頼家が無関係なはずがない。外戚・後見という立場に代わって御家人の中で群を抜いたポジションを与えることで、将軍生母の父への敬意を示したのだと考えるのが自然であろう。それは母・政子への配慮でもあったはずだ。

だからといって、頼家と時政の距離が近づいたわけでもない。『鎌倉北条九代記』という歴史書によると、頼家は祖父である時政のことを「時政」と呼び捨てにしていたらしい。これは当時としては大変な非礼であったため、政子がわざわざ頼家を叱ったほどであるという。血縁でありながら弟を擁立し、己と対立してくる時政への怒りと、それでも親族として遇しなければならないジレンマが、この厚遇と非礼な振る舞いのアンバランスさとして現れたのかもしれない。

また、頼家は奇行で知られる将軍でもあった。既に紹介した安達景盛の妾を奪ってしまった事件や、時政の呼び捨て以外にも、これは将軍としてどうなのかという素行の数々が記録されている。『吾妻鏡』をめくってみると「頼家が側近とともに蹴鞠に興じた」という記録がずらりと並ぶこと、あるいは領土をめぐる裁判を裁かなければならなかった時に「運次第」と嘯《うそぶ》きながら線を引いた話が伝わっていることなどがそれだ。

そもそも、このような奇行の数々は事実であるのだろうか。なにしろ代表的な史料である『吾妻鏡』が基本的に北条氏寄りの立場であり、その敵対者であった頼家についての悪い記述は信用しにくい。「愚かな将軍が幕政を混乱させたので、北条氏は涙をのんで殺したのだ」というストーリーのための伏線にも思えるからだ。

事実であったとしても擁護のしようはある。蹴鞠は側近との関係性を強めるとともに、当時の武士たちが憧れていた京の文化を取り入れる試みとも見える（頼家は京からわざわざ蹴鞠の達者を招いている）。土地についても、頼家は御家人たちに働きかけて幕府と将軍の力を強めようとする立場である。その一環で多少強引に見える振る舞いがあったとしても、それは必要な行為であったのかもしれない。何よりも、将軍としての権力を一部とはいえ制限され、気に食わない相手（時政）を厚遇しなければいけないとなれば、若き頼家はストレスを大いに抱えたろう。それが奇行につながったのかもしれない。

比企能員の変と頼家の結末

一二〇三年（建久三）七月に頼家が病に倒れてから、比企氏の滅亡に至る事情は、既に能員の項で紹介した通りである。その顚末が『吾妻鏡』説であろうと、それとも『愚管抄』説であろうと、病床の頼家が比企氏を救うために有効な手を打つことができなかったのは間違いない。

頼家の病がようやくある程度回復したのは九月五日。既に比企氏は滅亡している。この日まで頼家には詳しい事情が知らされていなかったようだ。『愚管抄』が伝える通りに「自分が政治の一線から離れた後、一幡のもとで世が平和に治められている」と信じていたとしたら流石に危機感が足りなすぎるようにも思うが、周囲が病人に心労を与えないためにに気を遣って言いくるめていたのかもしれないし、北条氏による攻撃があまりにも急だったということなのかもしれない。

ともあれ、比企氏の滅亡（『吾妻鏡』説なら一幡の死も）を知らされた頼家は当然激怒し、時政を討つべく動き出そうとする。しかし、太刀を取って立ち上がったはいいが病み上がりの体ではどうにもならず（『愚管抄』）、侍所別当・和田義盛に使者を出して「時政を討て」と命じたものの無視をされ、その書状は時政に渡るとともに使者まで殺される始末（『吾妻鏡』）。最大の味方を失った頼家にもはや実権はなかった。

結局、頼家は二日後には出家させられ、伊豆修禅寺へ押し込められてしまった（『吾妻鏡』。『愚管抄』は八月の時点では出家していたとする）。その命を下したのは母・政子であったという。

頼家を追い出した鎌倉では弟の千幡が源実朝として三代将軍になり、その後ろ盾となった時政以下北条一族が幕府の実権を握った。では、蚊帳《かや》の外へ置かれた先代将軍・頼家はどうなったのか。

江戸時代くらい安定した時期であれば、修禅寺で余生を過ごすこともできたかもしれない。政権を追われたとはいえ元将軍であり、将軍の兄である。ある程度の敬意を示されて厚遇され、鬱屈した思いを抱えながら天寿を全うした可能性もあろう。しかし、彼が生きた鎌倉時代はそうではなかった。敵対勢力が頼家を擁立して反旗を翻すかもしれぬと思えば、北条氏としても頼家を放置しておくことはできなかったのだろう。

翌年、修善寺に兵が送り込まれた。義時の手のものであったというが、もちろん彼の独断であったはずがない。時政の思惑に従ったものであろうし、政子の許可もあったかもしれない。その殺し方は『愚管抄』によれば、「首に紐をかけ、局部の睾丸を押さえ込んで」殺すという滑稽かつ残酷なものであった。

頼家の悲劇から何を見るか

頼家は最初から難しい立場に置かれた将軍だったといえる。彼の生き様と悲劇から、私たちは何かしらの教訓を得ることできるだろうか。

そもそも若くして偉大な先代の跡を継ぐというのはいつの時代も困難極まる事業だ。先代とともに働いてきた古株は、絶対に後継者をフラットな目では見られない。先代と比べて何ができるか、何ができないか、という目で見るものだ。「積み重ねてきた経験が全然違うのだから比べないでくれ」などと言っても無駄である。

また、古株たちは先代との間には連帯感や仲間意識を持っていることが多いが、後継者との間には薄い。そのため先代時代よりも自分とその部下たちの利益を優先した合理的な行動を取るようにもなる。後継者からすれば理不尽なことだが、仕方がない。

しかも頼家の場合、彼が受け継いだのは日本史上初めて現れた本格的な武士政権であった。旧来の政権である朝廷との関係にしても、己の領地における既得権益を守りたい有力御家人たちとの関係についても、一筋縄でいく問題ではない。若い頼家には荷が重すぎた。

では、同種の状況に置かれたら、どうしたらいいのか。いくつか取りうる選択肢があり、実際に頼家はそれらを不完全ながら実行している。

まず、古株たちの顔を立てること。「十三人の合議制」を受け入れたのがこれだ。従来語られてきた通り政権運営が合議で行われたのではなく、あくまで取次が一部制限されただけと見るなら頼家は古株に譲歩しつつ自分の政権運営ができるようにしたと考えていいだろう。

自分の味方も増やさねばならない。頼家はさまざまな出自から側近を編成し、また比企能員や梶原景時といったもともと縁の深い実力者たちを頼りにした。しかし側近はともかく有力な味方としては、能員・景時ともに頼りないところがある。母方の祖父である北条時政は頼家ではなく弟の千幡の味方だ。強力な味方を得られなかったところに頼家の不幸、その一つがある。

比企氏が強い基盤を持つ有力武家であったなら、源範頼や源義経のような源氏の有力者が重鎮として残っていたなら、いやそもそも頼朝が急死せず後見人として頼家をしっかりサポートしてくれたなら、頼家の運命は大きく変わったはずだ。歴史は今更変えられないが、せめて教訓は掬《すく》い取りたい。

コラム

甲斐源氏

甲斐源氏のルーツと苦難

梶原景時が将軍として擁立しようとしたのは武田有義《ありよし》という御家人だった。この人は父・武田信義《のぶよし》と共に源平の合戦で活躍したのだが、実は注目すべき高貴な血筋の生まれでもある。源義家（源頼朝の高祖父）の弟・源義光の三男・義清をルーツとする、源氏の一族なのだ。この血筋を一般に甲斐源氏と呼ぶ。また、「武田」の名乗りは義清が甲斐国巨摩《こま》郡武田に住んだことから来ているとも、それ以前に住んでいた常陸国吉田郡武田郷の頃に既に名乗っていたともいう。

ところが、鎌倉時代初期における扱いは芳しくない。信義の時代からそうだった。源平の合戦で頼朝に味方した信義は富士川の戦いで活躍して甲斐および駿河守護に任ぜられるなど鎌倉幕府でも重く扱われたが、一方で後白河法皇から頼朝討伐の命令を受け取ったことを責められるなど、微妙な立場でもあったのだ。しかも一一八四年（元暦元）には嫡男・一条忠頼が謀反を企んだと疑われて殺されてしまう。この件で気力を失った信義は二年後に亡くなったという。

有義の立場もよくない。一一八八年（文治四）、鶴岡八幡宮の大法会で頼朝から御剣役を命じられて渋い顔をしたところ、以前に平重盛の御剣役を務めたことをあげつらわれて面目を失った、という話が『吾妻鏡』に記されている。

同じ甲斐源氏で遠江国守護を務めた安田義定も悲劇的な運命を辿った一人だ。一一九三年（建久四）、義定の子・義資《よしすけ》が「院の女房に艶書を送った」というスキャンダルを理由に首を切られ、さらにその翌年には義定本人までもが「謀反を企んでいた」とされて首を刎《は》ねられたのだ。

このように甲斐源氏が次々と圧力を受けたのは、自分の立場を脅かしかねない源氏一族を排除したいという頼朝の意思があったものと思われる。もし「景時が有義を将軍にしようと企み、有義がそれに乗った」という出来事が本当にあったなら、このままでは己の立場が危ういという認識があったのだろう。しかし実際には景時は討たれ、有義は自らの身を守るために逃げるしかなくなった。弟の伊沢信光が彼の屋敷に出向いたところ、残っていたのは景時から有義に宛てられた密書だけであったと『吾妻鏡』に記されている。以後、有義の消息ははっきりとしない。

その後の甲斐源氏

次々と有力者が死んだ後、甲斐源氏はどうなったのか。実は、頼朝から信頼されていた人物がいて、家督は彼の下へ転がり込んだ。それが例の伊沢信光である。

有義が姿を消した後は武田信光と呼ばれており、甲斐源氏の正統を継承したのは間違いない。また、甲斐守護に加えて安芸守護にも任ぜられたのではないかと考えられており（駿河守護はあの謀反を疑われた忠頼が死んだ頃に武田氏から没収された模様）、承久の乱では東山道の大将軍としても出陣している。

その後、武田氏は目立った活躍がない時期や内紛でバラバラになった時期を挟みつつ、戦国時代には甲斐・信濃および周辺地域に勢力を伸ばす躍進を遂げた。武田信玄の頃だ。しかし信玄が病没すると跡を継いだ勝頼が織田信長らに追い詰められ、甲斐源氏の名門は滅亡してしまったのだった。

第二章

合議制で台頭し
実父を排した義時

畠山重忠

はたけやましげただ　一一六四年〜一二〇五年

北条時政の陰謀により謀反人に仕立て上げられた悲劇の武士

畠山庄司次郎重忠は「坂東武士の鑑」とも「武蔵武士の鑑」とも呼ばれる武士だ。源平の合戦で大いに活躍し、『吾妻鏡《あづまかがみ》』や『源平盛衰記』には彼の優れた武勇や誇り高い精神を讃えるエピソードが多数収録されている。幕政に直接関わることは少なく、「十三人の合議制」にも選ばれていないが、有力御家人の一人だったことは間違いなく、初期の鎌倉幕府において重要な位置を占めていた。

そんな彼もまた北条氏との対立によって滅んでいくことになるのだが、梶原氏や比企《ひき》氏とのケースとはちょっと事情が違う。背景にあったのは幕府の舵取《かじと》りをめぐる争いではなく、北条氏の武蔵進出の野望であったようなのだ。

畠山氏の素性と重忠の活躍

畠山氏は坂東八平氏の一つ、秩父氏の流れを汲《く》む武蔵の有力武家だ。ルーツは平良文にあり、桓武平氏に属する。秩父重能が武蔵国男衾《おぶすま》郡畠山荘を開いたことが始まりであるという。重能は秩父一族の家督およびその象徴である武蔵国留守所惣検校《けんぎょう》職を求め、源義朝と組んで同族の河越重隆を滅ぼしたが望みは叶《かな》わず、のちに平氏と関係を深めた。

そのため、重能の子の重忠も源平合戦の初期は平氏方についており、頼朝との合流に失敗した三浦氏を攻めて戦功をあげている。しかし、頼朝が態勢を立て直すとこれに帰順し、以後数々の戦いで先陣を任されて活躍した。

重忠はさまざまな史料に理想的な坂東武士として登場する。武勇に優れ、誇り高く、正直・誠実な人物であった、というわけだ。たとえば『曾我物語』では曾我兄弟の窮地を救う役を与えられている。

特に『源平盛衰記』には重忠の活躍や美談を描くエピソードが多い。頼朝に帰順するにあたって、重忠は己の先祖が頼朝の先祖・源義家から賜った白旗（源氏の象徴）を持って参上したため、頼朝はこれを大いに喜び、その旗に藍革《あおいかわ》をつけて頼朝のそれと区別した上で軍勢の先陣を切るように申しつけたとされる。また、木曾義仲の軍勢と戦った際には義仲の妻で女武者として名高い巴御前と一騎討ちを行い、彼女の鎧の袖を引きちぎって撤退させてしまったという（鎌倉時代の大鎧ならその袖は「大袖」といって、盾としても使う部分であったと思われる。引きちぎるのは尋常ではない）。さらに、一ノ谷の戦いでは梶原景時に代わって源義経につくことになった際に「梶原の代わりに畠山であれば良い交換だ」といった意味のことを言われたり、義経と共に「鵯越《ひよどりごえ》の逆落とし」の通称で知られる坂下りを敢行するなどの活躍を見せている。なお、これらの活躍・エピソードの多くは『吾妻鏡』などの信憑性の高い史料では見つけられず、一ノ谷の戦いでも重忠がいたのは義経ではなく源範頼の陣だと記している。

このようないわば「重忠伝説」ともいうべき物語は、後世になって重忠の人気が高まる中で話が膨らまされていったのだろう。源平合戦のヒーローである義経と関係づけられているあたりなど、いかにもそれらしい。

もちろん、全てが虚像だったとも考えにくい。畠山重忠という人は坂東武家の名族の生まれであり、有力御家人であった。そしてそのことに強烈な自負と自覚を持って行動したために誠実な振る舞いも目立ったが、一方でその誇り高さも相まって最後は悲劇的な結末を迎えた。そのような有り様こそが当時の、そして後世の人々の同情と憧れを呼び、英雄化されていったのではないだろうか。

幕府における重忠

では源平合戦の後、鎌倉幕府における畠山重忠はどのような政治的ポジションにあったのだろうか。

彼は幕府における重要な役職には就いていない。「十三人の合議制」に名を連ねなかった件については弱輩だったから（北条義時だけが重忠とほぼ同年代だが、他は重忠よりも二十あるいは三十歳年長の人物ばかり）という説明もできるが、他になんらかの要職についた形跡もない。

一方で、秩父一族の家督の証であり、武蔵の実質的な統治者の役職でもある武蔵国留守所惣検校《そうけんぎょう》職は、この頃には重忠のものになっていた。というのも、惣検校職を継承していた秩父一族の河越重頼が頼朝によって殺されたからだ。

重頼は重忠と同じように源平合戦初期には頼朝と敵対したが間も無く帰参し、有力御家人として重用されていた。しかし、義経に自分の娘を嫁がせていた関係から頼朝に敵視され、ついには所領も地位も没収されて誅殺された、というわけだ。

このように、政治的には中枢とある程度距離を置きつつ、御家人・武家としては強い力を持っていたのが重忠のポジションである。

現代的に例えるなら、ある程度の独立性を保ったまま大規模な企業グループに参加した社長、といったところだろうか。理想を言えば中立を宣言してグループ内の権力闘争から距離を置き、自分の会社を守りたいところだが、簡単なことではない。このような場合、中立はしばしば「全員の敵」になりかねないからだ。

重忠の場合もそうだったのだろう。頼朝の死後、将軍・比企氏側と北条氏側の暗闘が始まると、彼は北条氏側についた。後妻が時政の娘であったことを考えれば当然の選択だが、実は事情はそれだけではない。重忠は将軍側の有力者と折り合いが悪かったのである。彼が将軍側近・梶原景時の讒言にあったのは既に見た通りであるが、実は比企氏との関係も穏やかではなかった。畠山の本拠地である男衾郡と比企の本拠地である比企郡は隣接しており、両者は北武蔵の支配権をめぐって対立していたのである。

比企氏の乱が起きた時、重忠が比企氏方の籠もる小御所を積極的に攻めたのは、この事情を考えれば当然である。時政の味方についたのではなく、あくまで自分と敵対する相手を攻撃しただけ、というわけだ。

畠山・北条の決裂と衝突

ここまで、畠山氏と北条氏の関係は良好だったと言って良い。しかし、それは基本的には利害で結びついたものであり、ということは事情次第でいくらでも変わりうるものであった。そして、比企氏の滅亡こそはまさにその「事情が変わった」の最たるものだった。

どういうことか。比企能員の乱終結後、鎌倉幕府から正式な命令として「武蔵の武士は北条時政に従わなければいけない」を意味する命令が下された。比企氏が滅んで空白地帯になった場所に北条氏が進出してきたのであり、また武蔵の武士の一人である重忠もまた時政の支配下に入るよう求められることも意味していた。自然、畠山・比企の対立は畠山・北条の対立として引き継がれることになる。

この対立はかなりあからさまだったようで、藤原定家の日記である『明月記』に「関東で内紛が発生し、重忠が時政を打ち破った」なる噂が京へ届いたと記されているくらいだ。

さらに両者の間には明確な衝突まで起きてしまった。以降、破滅に至る一連の流れは

『吾妻鏡』に記されているので、基本的にその記述に従って紹介する。

一二〇四年（元久元）の十月、若き将軍・源実朝の正室を迎えるべく幕府から派遣された使者の中に、重忠の息子である畠山重保《しげやす》がいたのだが、彼が時政の娘婿である平賀朝雅《ともまさ》と口喧嘩をしてしまったのである。朝雅は警護のために以前から京にいて、使者一行が彼の屋敷に招かれて宴に興じていたところ、激しい口論になってしまったらしい。

背景には先述したような畠山・北条対立があったものと思われる。実は、朝雅はこの時の武蔵守であり、武蔵国全体に（名目上に近かったかもしれないが）支配権を持つ人物だったのだ。その権威と幕府における北条氏の権勢をバックに畠山氏へ有形無形の圧力をかけていたであろうことは想像に難くなく、これに対して重保もまた反発したので、口論になったのだろう。

とはいえ、どちらも幕府の有力御家人である。いつまでも表立って対立しているわけにはいかない。翌年正月には以前から重忠と懇意だった有力御家人・千葉重胤《しげたね》の仲介によってとりあえずの手打ちがなされたことがわかっている（『大日本古文書　家わけ第十六　島津家文書之一』）。

しかし、武蔵国の支配権問題という根本が解決していない以上、この和解が一時的なものに過ぎないのは明らかだった。そして、先に動いたのは時政だった。同年の六月二十一日、時政は己の子である義時・時房に「畠山氏が謀反を企んでいるので誅殺する」という計画を打ち明けている。

先立つ四月には重保が同じ畠山一族の稲毛重成に鎌倉へ来るよう誘われており、時政親子の密談の前日に鎌倉へ入っている。重成は重忠の従兄弟かつ義兄弟という密接な間柄にある一方でその関係性にはピリピリとしたものもあり、かつ重忠と違って頼朝時代に将軍側近を務めるなど幕府との距離も近かった。その背景から重成は時政側について重保を誘き寄せようとし、それがうまくいったからこの日の密談へ繋がったものと考えられる。

ところがこの日、時政の二人の息子たちは父の計画に賛成しなかった、という。重忠は頼朝の時代以来忠節を尽くしてきただけではなく、比企能員の乱においては頼家との関係にもかかわらずあえて舅である時政の側にもついた。このような人物がどうして謀反をするだろうか、そのように決めつけて殺したらきっと後悔するだろう。二人はそのように訴えたが、時政は反論せずに席を立った。

義時もまた自分の屋敷に戻ったところ、義母・牧の方の使者がやってきて「重忠の謀反は明白だからそのことを時政に知らしめたのだ。にもかかわらず重忠を見逃そうとするのは、継母である自分に仇なそうというのか」といったようなことを伝えた。これに義時も観念し、北条氏はいよいよ畠山氏を滅ぼすべく動き出すのだった。

畠山一族の滅亡

その後の展開は速かった。六月二十二日、重保はわずかな供とともに由比ヶ浜へ向かった。「謀反人を討つための軍勢が集められる」という話を聞いたからで、御家人としては当たり前の振る舞いである。ところが、そこで重保は三浦義村の手のものに囲まれてしまった。重保が「謀反人とは畠山氏のことである」と気づいたのはまさにこの時で、彼はそのまま殺されてしまう。ここで義村が率先して動いたのは、源平合戦の中で重忠に殺された三浦義明こそ、まさに彼の祖父だったからであろう。

幕府の軍勢には諸御家人だけでなく、秩父一族ほか武蔵の武士たちも数多く参加し、大軍となった。正面（大手）から攻める軍は義時が、側面（搦手《からめて》）から退路を断つ軍は時房が、それぞれ率いることになった。この軍勢の出陣名目は「重忠が鎌倉へやってくるという噂があり、その途中で殺すため」である。

両軍は二俣川で対峙《たいじ》したが、重忠側は百三十四騎しかいなかったという。これでは勝負にならない。そこで側《そば》のものは「一度退いて戦うべきだ」と提案したが、重忠は受け入れない。梶原景時の死に様を例に挙げ、しばしの命を惜しんだり、陰謀を企んだりするように見えたりすることは恥だ、と最後まで誇り高く生きることを宣言した、という。

決戦が始まると、畠山の軍勢は大いに奮戦した。圧倒的な兵力差があったにもかかわらず戦いは四時間にも及び、重忠が矢に撃たれて死んでようやく終わったのである（『愚管抄』は武士の第一人者であった重忠には、彼を討とうと寄り付くものもいなかったので、最後には自決した、と記している）。

義時、父に歯向かう

こうして畠山重忠の生涯は華々しく締め括られた。しかし、「畠山重忠の乱」を鎌倉幕府の政変として捉えるなら、むしろ本番はこれからだ。

義時は義理の兄弟たる重忠の首を持って鎌倉に戻るや、父親を舌鋒鋭く弾劾したのである。重忠が小勢でもって立ち向かってきたのは彼の一族が出払っていたからであり、とても謀反を企んでいたとは思えない。無実の彼を討たざるを得なかったことに自分は涙を禁じ得ない、と。息子によって陰謀を非難された時政は一言もなく引き下がったという。

義時も、時政に事件の責任を取らせることはできなかった。その代わりに、稲毛重成ら時政に関与したものたちが重忠を陥れた首謀者と見做され、殺された。御家人たちも時政ではなく義時を支持したので、以後の幕政において主導権は将軍・実朝を擁する生母・政子と、その弟である義時のものとなる。畠山重忠の所領は戦いの功労者たちに分配されたが、それを命じたのは政子であった。時政は得意の絶頂から己の子によって突き落とされたのだ。

義時はこの事件まで、さほどの積極性をもって幕政や他の有力御家人たちとの政争に関与していない。頼朝の時代、時政ら北条一族が伊豆へ戻った事件を思い出していただきたい。あの時も彼はただ自分の屋敷に居ただけなのだ（もちろん、それが不退転の覚悟での居残りだったと見ることもできるが、それにしてはその後も父とともに行動している）。

しかし、この時ばかりは義時も動いた。その背景には、北条氏の家督問題があったと思われる。既に触れた通り、義時は時政の次男でありながら分家・江間《えま》家の当主とみなされており、時政の後継者ではなかった。時政が後を継がせるつもりだったのは後妻・牧の方との間に生まれた政範で、しかしこの子は重保・朝雅の喧嘩と同時期に京で病死している（次の後継者候補は義時の子の朝時で、比企氏の血を引いているため旧比企氏の所領への干渉がしやすいと考えたためという)。

この政範の死こそが時政に強引な畠山討伐を決断させたと考えられる。その一方で、義時からすれば結局のところ自分は庶流であるという思いがあり、それゆえに父を追い落とす気になったのだろう。

なお、義時・政子が最初から重忠を倒して所領を奪うつもりだったのか、それとも時政に逆らえず討伐に至ってしまったかについては諸説ある。従来説では戦後の所領没収などもあって「まず重忠を、次に時政を倒す計画だったのでは」と考えられていたが、近年の研究では義時らは本当に重忠討伐に反対・疑問視の立場だったのではないかと見られるようになっている。

どちらにせよ、この時点で風前の灯であった時政の政治生命は、続く事件で完全に息の根を止められることになるのだった。

重忠の選択

畠山・北条対立(およびこれに先立つ畠山・比企対立にも一面あった要素)は本書でここまで触れてきた幕府内の暗闘・内紛とは重なる部分もありつつ、しかしおおむね毛色の違う問題である。焦点は幕府の舵取りではなく、武蔵国の支配権であった。

秩父一族の正当な後継者として武蔵国留守所惣検校職を継承する重忠に対して、幼い将軍を擁する執権別当の時政や、武蔵守の平賀朝雅は公的な権威を持って圧力をかけた。ここには「地方勢力同士の縄張り争いに、一方が中央の権威を持ち出した」「新しい秩序を作りたい中央権力と、既得権益を守りたい地方勢力の衝突」という二つの側面がある。

前者は普遍的に存在する構図だが、後者は社会構造がドラスティックに変わっていくような時代ならではの出来事といえる。実際、惣検校職は重忠の後に河越氏へ戻されるのだが、その頃にはもはやかつてのような「武蔵国の武士のリーダー」の意味は薄れ、名誉職的なものとなっていた。新時代の中央権力によって、伝統的な地方の既得権益は破壊されてしまったのである。

いわば「時代の流れ」ともいうべきこのような変化、あるいは強大な権力によって押し潰されそうになった時、私たちはどうすればいいのか。一つのヒントが『吾妻鏡』における重忠の生き様と死に様にあるような気がする。幕府の大軍に対して重忠は逃げ隠れ申し開きもせず、戦って死んだ。その堂々とした死は「坂東武士の鑑」畠山重忠のイメージを完成させるものであった。

『吾妻鏡』における重忠の描写は全体的に美化を感じさせる。その背景には、「このように立派に生きて死んだ重忠を罠に嵌《は》めたのが時政であり、その時政を排除した義時・政子が善玉である」という政治的主張があるのは明らかだ。また、畠山氏を源姓として残していったのも、基本的には政治利用と考えるべきなのだろう。

しかし、そもそも重忠の生き様と死に様が立派なものでなければ、このような後世に残る名誉と家の存続さえなかったのではないか。巨大な権力に圧殺された結果、誰も語らず（あるいは悪名だけ残り）、家も残らなかった可能性もあった。彼が堂々と生きて死んだからこそ、畠山伝説が残る素地も生まれた、というわけだ。

中世において武士が堂々と生きる第一の方法は「戦って死ぬ」であったから重忠の結末はこのようになったが、時代が変われば事情も変わる。現代の私たちは死ななくとも彼のように生きられるはずだ。つまり、能力不足や環境の不利などで勝利や成功がおぼつかない状況にあっても、重忠のように堂々と挑戦し、あるいは自分なりの筋を通してやれるだけのことをやり切ることで、誰かがその生き様を見ていてくれるかもしれない。そうすれば、再チャレンジの機会が与えられる可能性は十分にある。重忠の生き様と死に様はそのことを教えてくれているのではないか。

平賀朝雅

ひらがともまさ　生年不詳〜一二〇五年

北条時政が将軍に擁するも義時に殺害された頼朝の猶子

平賀朝雅はここまでにも何度か名前が出てきた通り、北条時政の後妻・牧《まき》の方《かた》の娘婿である。源氏の血をひき、源頼朝の猶子になっていたこともあり、さらに関東の要所・武蔵国の国司を継承する彼は、時政の幕府支配において重要な役割を担当する人物であった。

その朝雅が引き金を引いた畠山重忠の乱は、時政による幕府支配及び武蔵国支配をさらに強固にするための一手であったはずだが、実際には強引な振る舞いによって時政とその派閥（朝雅ももちろんここに含まれる）は政治的劣勢に陥ってしまった。

そこで時政は、挽回するべく更なる強硬策に出る。その主役もまた朝雅であり、それゆえに「平賀朝雅の乱」、あるいは黒幕として暗躍していたとされる牧の方（牧氏）の名をとって「牧氏の変」と呼ばれる事件によって、長らく幕政を掻《か》き回していた時政は政治の表舞台から追い出されることになる。

平賀氏の素性

「平賀」を名乗る一族は、特に安芸国に存在した藤原姓平賀氏が戦国時代には毛利氏の家臣として活躍したことが知られている。しかし、本項で紹介する平賀氏は清和源氏の一族である。頼朝らと同じ河内源氏の一族にあたり、所領が信濃国佐久郡にあったので信濃源氏とも呼ばれる、源義家の弟・源義光の四男・盛義が平賀氏を名乗ったのが始まりだ。

中でも盛義の子・義信は、平治の乱では源義朝に仕えて彼の東国脱出に付き従い、源平の合戦でも当初は義仲を支持したが最終的には頼朝に味方するなど、頼朝一族と縁が深く、武蔵守に任ぜられた人物だ。頼朝はこの人を源氏一族を含む御家人の筆頭に据えただけでなく、「義信の治世はのちの国司の見本になるべきだ」とわざわざ武蔵国府（国衙）の壁に書かせたり（『吾妻鏡』）、己の後継である頼家の最初の乳母夫に任命したりと、相当の信頼・評価を与えていた。

義信は御家人筆頭であり、源氏一族であり、さらには頼家との関係も深いなど、幕府重鎮として厚遇されていたのは間違いない。しかし、本書でここまで見てきたような鎌倉幕府初期の動乱に関与した形跡は見つけられない。彼の立場からすれば御家人たちに睨みを利かせることはできたように思うが、老齢からもうそれだけの力がなかったのだろうか。それとも、あくまで保身を優先したのだろうか。

平賀朝雅の活躍

その義信の子が朝雅である。母は比企尼の三女、妻は時政と牧の方の間に生まれた娘ということで、北条・比企の双方に縁が深い。

朝雅は父の後を継いで武蔵国司になった後、比企氏の乱後に京都守護に任ぜられて上洛した。これは大きな内紛によって動揺した京を押さえ込む目的があったようだ。この京での日々において朝雅は後鳥羽上皇との関係を深めたが、一方で武士として役目を果たす機会もあった。いわゆる「三日平氏の乱」である。

源平合戦において敗北した平氏であったが、残党はまだまだ各地に残っていた。特に伊賀・伊勢は平清盛ら伊勢平氏の本拠地及びその近隣地域であり、幕府に従わない者たちがまだまだ相当数いたらしい。彼らが蜂起し、伊賀・伊勢守護の山内首藤経俊《やまのうちすどうつねとし》を追い落としてしまったのである。

これは放置できぬと、幕府・朝廷の双方から「平氏残党を討つべし」なる命令が朝雅に出た。早速出陣した朝雅は、あえて京からの正面である鈴鹿方面から伊賀・伊勢へ入るのを避け、美濃から尾張、尾張から伊勢へと迂回して進軍。戦いが始まってわずか三日で平氏残党を打ち破り、伊賀へ追い落とすことに成功した。この事件が三日平氏の乱と呼ばれた由縁である。この戦功によって朝雅は従来の京都守護に加えて伊賀・伊勢守護の地位まで獲得したのであった。

その後、引き続き京にいた朝雅が畠山重保と口論になり、畠山重忠の乱のきっかけを作ったのは既に紹介した通りだ。

時政派の失脚

繰り返しになるが、一二〇五年（元久二）、幕府における時政派は劣勢だった。畠山重忠の乱における強引な振る舞いが原因になって北条義時・政子姉弟と決別しただけでなく、幕政の主導権を彼らに奪われてしまっていたからだ。

それどころか「このままなら北条氏宗家という立場まで、分家の義時側に奪われてしまうのではないか」という恐怖さえ、時政と牧の方にはあったのではないか。この時期の義時が時政の後継者ではなく、北条分家・江間家の当主として扱われていたのは、本書でここまで繰り返し見てきた通りである。

そんな中、牧の方の主導とされる、とある計画が秘密裏に進んでいた、という。それが朝雅を四代目の将軍として擁立する陰謀であった。もちろん、実朝が生きていたら不可能なので、彼を排除することも計画の中に入っていたことだろう。実朝は時政の屋敷に住まわされていたから、殺すのは簡単である。

しかし、この計画が実行されることはなかった。閏《うるう》七月には陰謀が風説という形で広まり、実朝は政子の指示を受けた御家人たちの手によって義時の屋敷へ保護されたからだ。北条家臣団による妨害があったようには見えず、また御家人たちも時政を支持しなかったとされている。隠謀家・時政はついに鎌倉幕府の武士たちに見捨てられてしまったのだ。

時政はどうしたか。ことここに至って悪あがきはしなかった。出家して明盛と名乗り、鎌倉を出立した。彼は以後の余生を伊豆・北条の本拠地で隠棲して過ごすことになる。牧の方も夫に付き従い、伊豆へ移ったようだ。

時政が亡くなったのは一二一五年（建保三）。持病の腫れ物が悪化したのが死因で、七十八歳という長寿を全うした。牧の方は、少なくとも一二二七年（安貞元）に京で時政の十三年忌の供養を取り行っているため、この時点までは生きていたと思われる。

一方で勝利者になったのは当然ながら義時・政子である。義時は二代目の執権となり、また実質的に北条本家を乗っ取ることにも成功した。政子も改めて将軍生母としてその政治的地位を確立する。

悲惨な運命を辿ったのは、この時点でまだ京にいた朝雅である。義時は「朝雅を討て」と号令を下したのだ。将軍の地位を奪おうとした謀反人としては当然の処置だが、首謀者が時政あるいは牧の方であったなら、朝雅は担ぎ上げられただけの可能性が高い。なのに、時政と牧の方は鎌倉を追われただけで済み、朝雅は討伐対象になってしまったのだ。まだ若く、血筋も立派な朝雅は、生かしておけば再び幕政に影響力を持つかもしれない。義時はそれを恐れたのだろうか。

結局、御家人たちによる攻撃を受けた朝雅は立ち向かうも敗れ、逃げたところを射殺された。数奇なことに、この時朝雅を射った武士の名は山内首藤通基。三日平氏の乱で醜態を見せ、朝雅に伊賀・伊勢守護の座を奪われた山内首藤経俊の子であった。

時政派にも事情あり

さて、この朝雅将軍擁立の策謀は、無謀な振る舞いであったのだろうか。それとも、時政・牧の方らの状況を考えればやむを得ない決断であったのだろうか。

まず、擁立するべき駒としての朝雅は、当時の事情を考えれば最良の存在であったろう。なにしろ、既に紹介した通り頼朝の兄弟ほかの近しい親族はあらかた死んでしまっている。男子は、といえば頼家と実朝、それから庶子で仏門に入った貞暁《じょうぎょう》（後述）くらい。加えてこの時点では頼家の子供たちが幾人かいるが、頼家を殺した時政が彼らを擁立するのはどう考えても困難だ。

そんな中、朝雅は河内源氏から分かれた血筋であり、父の代より頼朝らと親しく、頼朝の猶子にまでなっている。京都守護を務めるようになってから後鳥羽上皇と関係を持つようになり、院殿上人《いんのてんじょうびと》の一員になるなど、気に入られてもいたようだ。武士の中から実朝に代わって将軍に成りうる人材を求めるなら、彼以外になかっただろう（それでもやはり、河内源氏の本流でないことに引っかかりは覚えるが）。一発逆転を考えれば、時政たちに他の道はなかったかもしれない。

しかし、現実的に朝雅を擁立するのは可能であったか？ と言えば疑問が残る。なんと言っても、時政が実朝を強引に将軍としてから、まだ二年しか経っていないのだ。ここで「自分（時政）にとって都合が悪いから次の将軍に変える」などと宣言して、いったいどれだけの御家人がついてくるだろうか。しかも、幕政の主導権は既に義時・政子の二人に奪われてしまった後なのである。

それでも時政としては「北条家の人々は自分についてくる」「実朝を殺し、朝雅の新たな将軍就任を宣言すれば後はどうとでもなる」という確信があったのだろう。実際、比企氏と頼家の時にはどうとでもなったわけだ。だから強硬策を選んだわけだが、実際にはその読みは外れてしまい、北条家の主導権さえも彼の手から零《こぼ》れ落ち、子供たちの手中に落ちた。私たちは歴史を知っているから「時政は無謀な策に出て失敗した」「策士が策に溺れた」と考えてしまいがちだが、これはあくまで結果論である。時政の目から見れば成功の可能性は十分にあったかもしれないのだ。

ここから私たちが学ぶべき教訓は「追い詰められた時こそ冷静になるべき」「成功体験が自分の目を眩《くら》ませることがあると自覚するべき」であろう。時政はこの時、明らかに追い詰められている。一発逆転の策を必要としていた、そして、不幸なことに時政には一発逆転の成功体験がある。比企能員を暗殺することで頼家から一幡への将軍継承をやめさせたあの時だ。

人間は一度上手くいったことは何度でも上手くいくと信じてしまいがちな生き物である。そして、追い詰められていると状況判断が雑になりがちなのも人間の悪癖だ。この二つが重なった結果として、時政は牧の方の稚拙な提案を受け入れ、凶行を計画することになったのではないか。だが、二年前とは明確に違うことがあった。あの時はしっかりと掌握できていた北条氏の人々が、今や彼の忠実な手駒ではなくなっていたのだ。

果たして真実はいかに？

なお本項の最後に、そもそも「本当に朝雅擁立の陰謀はあったのか？」という疑いも成立しうることは特記しておきたい。あくまで事件のきっかけは陰謀の風聞が立ったことであって、何かしらの証拠が出てきたわけではないようなのだ。

であれば、「時政や牧の方はそんなことは考えていなかったが、自然発生あるいは政子・義時らが噂を立てた」と推測することもできる。つまり、平賀朝雅の乱（牧氏の変）の本質は、一発逆転を狙った時政の仕掛けではなく、有利に立った義時・政子による父親への最後のトドメだったのではないか、というわけだ。

この視点に立つと、「いくら当時用意できる駒として最上であっても、やはり河内源氏の本流ではない信濃源氏の朝雅を擁立するのは無理があったのではないか？」という疑問にも答えが見出せよう。仮に実現可能性が低い馬鹿げた話であっても、いやだからこそ聞く人に「面白い」と思わせれば噂は一気に広がるものだ。現代でいうところのUFOやUMAの話、あるいは世界を陰から動かす陰謀組織の話のように。

時政が大人しく出家・引退をしたのも、罪を認めたのではなく「このような噂が立って実朝も奪われたとあっては、無実であっても今更どうにもならない」という諦めからの行動だったのではないか。

この点、時政がライバルを蹴落とすために陰謀を重ねすぎたことも、敗北の背景としてあったように思う。ダーティーな手段を繰り返す主君に愛想が尽き、あるいは「次は自分が排除されるのでは」と恐れた人々が、雪崩《なだれ》を打って義時・政子に寝返ったという事情があったのではないか。これは全くの想像ながら、人間心理を考えればいかにもありそうなことだと思うのだが、どうだろうか。「日頃の行いから来るツケは、一番のピンチにこそ回って来る」も、朝雅・牧の方・時政から学べる教訓として数えておこう。

宇都宮頼綱

うつのみやよりつな　一一七八年〜一二五九年

謀反を疑われるも出家することで難を逃れた有力御家人

本書にここまで登場した御家人たちの多くは陰謀・暗闘の末に追い詰められて死んでいった。あるものは押し込められて殺され、またあるものは多勢に無勢の戦いで討ち死にしたのである。

しかし、政争に敗れたものたちが全てそのように死んだわけではない。中には許され、生き延びて後世に残る働きをしたものもいた。その筆頭が彼、宇都宮彌（弥）三郎頼綱である。

神官の血筋から武士へ

宇都宮氏はもともと下野国・宇都宮二荒山《ふたあらやま》神社の神官の家系であった。そのルーツについては下毛野氏《しもつけのうじ》説、中原氏説、藤原氏説などあってはっきりしないが、藤原道兼の子孫が前九年の役に際して祈禱《きとう》のために下野へ下り、そのまま土着したことを始まりとすることが多い。

宇都宮朝綱の時に源平の合戦があり、最終的に頼朝方についたことから有力御家人として遇された。頼綱はその孫である。

なお、この時重要な役割を果たしたと思われる人物に、寒河尼という女性がいる。『吾妻鏡』では朝綱の先代である八田宗綱の娘と記されているが、近年の研究では朝綱の娘ではないかともいう。頼朝の乳母の一人であり、下野の有力武家である小山氏に嫁いでいたが、彼が挙兵した際には独断で協力を約束。その後の情勢に大きな影響を与え、寒河尼はのちに女性ながら地頭に任じられている。宇都宮氏が頼朝に味方するにあたっては、当然彼女の仲介があったことだろう。

また、宇都宮一族にはもう一人重要人物がいる。「十三人の合議制」のうち一人、八田知家は実は宗綱の子である。

宇都宮一族の危機

一一九四年（建久五）、宇都宮一族に大事件が起きる。下野国司が朝廷に「朝綱が公田を掠《かす》めとった」と訴え、しかもこれが受け入れられて朝綱に有罪の判決が下ったのである。結果、朝綱は土佐へ、頼綱は豊後へ、兄弟の朝業は周防へ、それぞれ流されてしまった。

この時、朝綱は本当に公田を奪ってしまったわけではなかったらしい。頼朝政権が鎌倉幕府として成立する過程で、まだ正当な権力が成立していないにもかかわらず御家人たちに所領を分配していた。そのせいで起きたトラブルであったようだ。頼朝は朝綱らが罪に落とされたことを大いに悔いていた、と『吾妻鏡』に記してある。

新しい制度が確立していく時期はどうしても勢いが優先されがちで、この朝綱のように割を食う人も出てくる。かと言って「正当性が確保されきっていないので新しいことはまだできない」と迷っているようでは、大事業をなすことはできない。

特に鎌倉幕府は「御恩と奉公」と言う通り、御家人たちは所領を認めてもらった「御恩」があるからこそ軍事貢献という「奉公」をするのだ。土地に関する取り決めはなるべく早くやらなければならなかったに違いない。スピード優先となっても仕方がなかった。とはいえ、実際にトラブルが起きた時にその対処を放り投げては、結局信頼を失ってしまう。問題に対処し、貧乏くじを引いてしまった人をフォローせねばならない。頼朝が嘆いて見せたのもその一環であろう。気にかけるポーズは大事だ。もちろん、実利的な面でもサポートする必要がある。頼綱はわずか数年で罪を許され、宇都宮氏を継いで引き続き有力御家人として活躍した。その背景には頼朝の意思があったはずである。

牧氏の変の余波で更なる危機

罪を許された頼綱は北条時政の娘をめとり、北条一族と縁続きになる。多くの有力御家人たちが同じように時政と縁を結んでいるから別におかしなことではないのだが、このことが次なるトラブルの原因になった。

本書でもここまで触れてきた通り、一二〇五年（元久二）に牧氏の変が発生し、北条義時・北条政子によって時政が失脚させられる。すると、義理の息子である頼綱も「時政・牧の方らとともに陰謀を企んでいた」と告発されてしまったのである。

この時、頼綱は武力に頼ろうとはしなかった。一方で、観念してしまったわけでもない。

徹底して己の無実を訴え、頭を下げ、許しを乞うたのである。ついには一族郎党揃って髻《もとどり》を切って僧侶になり（つまり俗世を離れると宣言し）、自ら鎌倉へ向かってこの髻を差し出し、徹底的に謝罪したわけだ。

幕府と宇都宮氏の間を取り持つ者もいた。同じ下野の御家人である小山朝政は宇都宮討伐を命じられたのだが、「頼綱は親しい親戚（寒川尼が朝政の継母。これも近年の説では実母とも）だから討伐したくない」と言い出して討伐命令を断り、頼綱の謝罪を仲介したのである。これによって頼綱と宇都宮氏は許されたのだ。

普通に考えて、このような言い訳で幕府が討伐命令を取り消すはずがない。実際に頼綱が謀反を企んでいたともちょっと思えない。結局のところ、討伐命令は本気ではなく、ある種の見せしめだった可能性が高そうだ。

徹底抗戦か降伏か

実際のところ、ここで宇都宮氏が遭遇したようなトラブルは現代でもままあることである。組織と組織、派閥と派閥の力学が働く時、大したことのない失敗をしただけだったり、あるいはそれほどでもない脅威でしかない人物を「これは問題だ」と叩くことで、「同じ目にあいたくない」「あの人に逆らってはいけない」と皆に周知徹底するわけだ。

このような時、どうしたらいいのか。選択肢は二つある。

一つは「ふざけるな」と徹底抗戦の姿勢を示すこと。見せしめとしての討伐宣言が行われる時、実はハッタリであることは意外に珍しくない。しかも政治や経済の世界ならともかく、武力闘争や合戦が当たり前の時代だと「兵を動かして敵を潰すのはこっちも損害が大きい」ということになるから、本当は戦いたくないケースがある。そんな時に本気でファイティングポーズを取ると、相手が「いや、そこまでする気はなかったんだ」と腰砕けになったり、和解を申し出てくる可能性も十分にある、というわけだ。

もう一つはとにかく頭を下げること。武器を捨て、土下座し、許しを乞う。それが滑稽で、哀れで、大袈裟であればあるほど良い。そうすることによって、相手側が求める見せしめ効果が強まる。屈辱もあるかもしれない。威信を失い、社会的な窮地に陥る可能性もあるかもしれない。それでも生き残るために頭を下げるわけだ。宇都宮氏が取った戦略はこちらである。

この二つの手段、どちらが効果的かは状況と相手次第だ。相手が本気で攻めてくる気なら徹底抗戦は逆効果である。逆に、ただのハッタリなら降伏姿勢で失うものは大きい。情勢を見極め、相手の心理を読まなければならない。

そしてもう一つ、どちらにしても最終的に落とし所を探るなら仲介役（宇都宮氏の場合は小山朝政）が欲しい。何事もそうなのだが、一対一の交渉は思わぬヒートアップで破滅を招きがち。間に人を挟むことでお互いに冷静になれるし、最終的な手打ちの時にも「○○さんの顔を立てたんだから」とお互いにプライドを保って話が終わりやすいからだ。

頼綱の余生

事件以後、頼綱は「実信房蓮生《じっしんぼうれんじょう》」と名乗って生涯を送ることになる。その後の彼の活動は、大きく三つに分けることが可能だ。

一つは、有力御家人・宇都宮氏元当主としてのもの。僧侶になった後に伊予の守護を務めるなど、幕府との関係は必ずしも疎遠になったわけではなさそうだ。よくわからない理由であっさり許されたこともあわせて考えると、政子・義時としても頼綱を真に敵視していたわけではないのだろう。

一つは、浄土宗の僧侶としてのもの。西山善峯堂《にしやまよしみねどう》・往生院の再興などが業績として知られている。

そして最後に、風流・教養・芸術人としての頼綱だ。嫡子の泰綱が成人して一家の主としての責任を果たした後、京へ居着いた彼は和歌に熱中した。この時期、「十三代集」と呼ばれる十三の勅撰《ちょくせん》和歌集（天皇の下命で作られた和歌集）が編集されたが、そのほとんどに頼綱の作品を見ることができることからも、その功績の大きさは明らかだ。

それだけではない。頼綱はある超有名な歌集の成立にも深く関与している。一二三五年（文暦二）、頼綱は山荘の障子に和歌を書いた色紙を貼りたいと考えた。問題は誰のどんな和歌を書くか、である。そこで以前から親交のあった歌人に選定と執筆を依頼した。その名前は藤原定家。頼綱の娘が定家の子に嫁いだ、という間柄であった。

定家は勅撰和歌集の中から一人一首で百首を選んで、『百人秀歌』を作った。これがのちの『小倉百人一首（あるいは単に『百人一首』とも）』の原型である、という。つまり、頼綱がいなければ『小倉百人一首』は成立せず、これが記されたかるたで子供たちが遊ぶ光景もまたなかったわけだ。

成功者・頼綱

頼綱の生涯は現代人の視点から見てもまさに勝ち組、成功者である。

彼は度重なるトラブルに遭遇しても宇都宮氏という名族を滅ぼすことなく、また衰退もさせず、次代へ受け継がせた。結果、宇都宮氏は中世を通して繁栄したのである。鎌倉幕府の下では評定衆や引付衆を任ぜられるなど幕政で活躍し、室町幕府の下では関東公方を支える関東八家の一つに数えられた。残念ながら豊臣政権下において所領没収、再起も叶わず滅亡したものの、関東の有力武家として長く残ったのは間違いない。また、宇都宮氏は頼綱以来の伝統を受け継いだか、学芸の家としても名高く、さらに和歌や蹴鞠の技でもよく知られたという。

頼綱は梶原景時・比企能員のように暗闘で敗れて殺されるようなこともなく、かといって畠山重忠のように坂東武士の誇りにかけて堂々と死ぬこともなく、徹底的に頭を下げることで生き残った。

その背景には、そもそも頼綱は紛争・暗闘の当事者ではなく、敵対したものたち（この場合は義時・政子）としても積極的・徹底的に排除するターゲットではなかった、という事情もあるのだろう。もし、畠山や比企のような激しい利害対立があったり、頼家のように後々の揉め事の種になりうる存在だったなら、北条が宇都宮を許したとはちょっと思えない。

とはいえ、頼綱は生き残った。このことはきちんと評価するべきだし、後世を生きる私たちも手本にするべきだ。

状況に合わせて頭を下げるか下げないか、下げるなら誰に下げるか（複数いる交渉相手や協力者候補のうち誰の心情や利害に訴えるか）は危機における交渉では何よりも重要な判断だ。胸を張って降伏することで堂々とした印象を与え、敗れてなお敬意と配慮を勝ちとる者もいる。卑屈な態度を取りすぎた結果、実力以上に軽視され、不遇を託《かこ》つ者もいる。

頼綱は判断を成功させ、だからこそ宇都宮氏はその後も名門御家人として遇された、と考えていいだろう。

コラム

官僚の一族たち

大江、三善、二階堂、中原

本書で紹介している通り、鎌倉時代初期は暗闘・内紛が相次いだ時期である。それは本格的な武士政権の誕生によって権力構造が変化する中で必然的に起きる軋轢《あつれき》であり、また政治の主導権や各地域の支配権を巡る対立でもあった。

その中で多くの有力御家人たちがあるいは滅び、あるいは没落していくことになるのだが、幕府の有力者たち全てが陰謀のプレイヤーとして巻き込まれてしまったわけではない。幕政において実務を担当した官吏たちはあくまで己の仕事に専念し、それによって生き延びることに成功したわけだ。筆頭が「十三人の合議制」にも名を連ねる四人、すなわち大江広元、三善《みよし》康信、二階堂行政、中原親能《ちかよし》である。この四人はそれぞれ下級公家の出身だ。一人一人触れてみよう。

大江広元の大江氏（江家）は土師《はじ》氏をルーツに持ち、代々学問で活躍した家系だ。三善氏は帰化系氏族で、百済系と漢族系をそれぞれルーツにする二つの家系がある。三善康信は算学を家伝とする後者の出身。二階堂行政は藤原氏南家をルーツにもつ工藤氏の出身で、鎌倉に移ってから永福寺（別名を「二階堂」）の近くに住んだことにちなんで二階堂氏を名乗るようになった。中原氏は安寧天皇の第三皇子・磯城津彦命《しきつひこのみこと》の末裔で、明経道《みょうぎょうどう》（儒学の研究）を職とするものが多い。しかし一族のものは多く、明法道（律令の研究）を家職とする家系など多数存在する。

彼らは源頼朝が武士政権を作る過程で京より鎌倉に招かれ、制度整備に尽力した。要職にもついている。まず公文所《くもんじょ》別当、それから政所《まんどころ》別当になった大江広元、その補佐をしてのちに自分も別当になった二階堂行政、問注所《もんちゅうじょ》の執事を務めた三善康信、公事奉行人になった中原親能という具合だ。

三善康信は母の姉が頼朝の乳母であった縁から、二階堂行政は母方の家系が頼朝と同じ（熱田大宮司の家系）であったことから、それぞれ声をかけられたとされる。また、中原親能については相模国で育てられていた時期に頼朝と縁があったというエピソードもあるが、信憑性は怪しい。

官僚たちと暗闘

彼らは鎌倉時代初期の暗闘にどう関わったか。自らの仕事に専念して距離を置き、主導的な立場では関与しないようにしつつ、しかしその時々の権力者の求めに応じて策謀に関わることもあった、という非常に賢明な振る舞いをしていた。典型的なのは大江広元だ。彼は梶原景時の変では「弾劾文を受け取りはしたもののすぐには頼家に取り次がず、和田義盛の強い要求を受けて初めて取り次ぐ」という対応を見せ、比企氏の乱で時政から相談を受けた時も賢明な振る舞いをするよう助言するにとどめた。和田合戦では一時将軍と合流しつつ、政所を守る姿勢をとって独自スタンスを示している。このように官僚的・中立的なアピールをし、内紛で誰が勝利してもいいように振る舞う広元が、一方で各事件で策謀を巡らすなど内実では深く関わっていたという評価もあり、さらに後述する承久の乱、つまり幕府外の敵と戦うにあたっては積極的な攻撃策を提案もしている。

武力を持たない官吏たちの生き残り術は実に見事なものであったのだ。

第三章

三代将軍を排し執権政治を確立した義時

泉親衡

いずみちかひら　一一七八年?~一二六五年

千手丸を擁し義時打倒を画策するも逐電した御家人

泉小次郎親衡（平）はけして歴史上の重要人物ではない。血筋としては一応源氏（信濃源氏）ではあるものの、その中でも主流・名門とは言い難い。御家人として有力でもなく、彼が起こした事件も未遂で終わっている。

にもかかわらずその名が歴史に残っているのは、彼自身は重要でなくともその事件は注目すべき位置を占めているからだ。その背景には比企《ひき》氏の乱・源頼家の死という事件が十年を経過してもなお影響を与えていること、そしてまた当時の幕府にわだかまっていた北条・和田対決があり、泉親衡の乱は続く大事件のプロローグになったのである。

当時の政治事情

まずは事件の背景を語らなければならない。比企氏の乱、頼家の死、畠山重忠の乱、牧の方の変と相次ぐ内紛・陰謀が落ち着き、幕府の主導権が北条義時と政子の二人の手に渡って十年余り。三代目将軍・源実朝と彼の名のもとに政治を差配する執権・北条義時のもと、幕府体制は安定し、有力御家人同士の間柄も朝幕関係も平和であるように見えた。

しかし、密かに対立の根が育っていたのも事実である。比企氏に代わる新たな北条氏のライバルとして頭角を現しつつあったのは和田氏だ。

もともとは三浦氏（三浦党）の一部であったが、和田義盛が「十三人の合議制」の一人に数えられると共に、長年にわたって侍所別当の要職を務め続けたことで、その名声は大いに高まった。実朝からの信頼も厚く、北条氏としては警戒するべき対象になっていたのだ。

象徴的な出来事がある。一二〇九年（承元三）、義盛が実朝に「自分を上総の国の国司にしてもらえないだろうか」と訴えた。頼朝の時代以来の輝かしい武勲を並べ立てた上で「一生の余執（生まれ変わっても続く執着）」とまで言った、と『吾妻鏡《あづまかがみ》』には記してある。

ところが、ここに「待った」がかかった。政子が「これまでの慣例にない」としてやめさせてしまったのである。北条・和田の確執を感じさせるのに十分なエピソードだ。

そんな中で起きたのが泉親衡の乱であった。

泉親衡の乱

親衡は信濃の御家人だ。本拠地の所領は上田盆地にあった小泉庄。源経基の子・満快《みつよし》の子孫で、清和源氏の一族である。

彼の名前が突如として歴史上に現れたのは一二一三年（建保元）二月のことである。有力御家人の一人、千葉成胤《なりたね》がとある僧侶を捕らえて北条義時に差し出したのが、事件の始まりだった。安念（安然）なるこの僧侶は信濃の生まれで、親衡の同志の弟だった。使者として幕府への反乱を唆《そそのか》すべく成胤を訪ね、そこで捕まってしまった、というわけだ。

もちろん、親衡がいかに源氏とはいえ、反乱の旗印になれる程の名門ではない。別の旗印、担ぐ神輿が必要だった。彼が目をつけたのは非業の死を遂げた頼家の遺児・千手丸（千寿丸）だ。この計画に、主体的に関わった人間だけで百三十人余、そこに付いてきたものは二百人というから、千手丸の名で恐ろしい数の人々が集まったことになる。主に信濃・上野の人々が参加していた。

義時は素早く手を回して追っ手を放ち、これら計画の関係者たちを捕らえた。張本人の親衡は隠れ家を発見されて追っ手に捕らえられそうになったが、怪力を発揮してこれらを打ち倒し、どこへともなく逃げてしまった。

親衡伝説あれこれ

この時の活躍ぶりから尾鰭《おひれ》がついたか、のちに親衡は「御家人の中でも屈指の武勇を誇った朝比奈義秀（和田義盛の三男で、後述する和田合戦で活躍）にも匹敵する勇士」として語られることになる。

そして、活躍したが敗れた武人にありがちな展開として、「実は生きていた」話も作られた。埼玉県川越市に親衡の末裔を名乗る家があって、そこに伝わる伝説によると親衡は千手丸を連れて逃げ、あちこち渡り歩いた末にこの地に辿り着き、二人ともに出家して生涯を過ごしたのだという。

この話はいわゆる英雄不死伝説の一種であろう（真田幸村が豊臣秀頼を連れて薩摩へ逃げ延びたという話を思い出させるところがある）。千手丸が政子によって出家させられ僧・栄実となった後に後述する和田合戦の残党に擁立されかけ、幕府方によって殺された事実とも反するので、信用はできない。しかし話としては興味深いので紹介した。

親衡の名前はちょっと面白いところにも残っている。京都の祇園祭に立つ山鉾《やまぼこ》の一つ、長刀鉾《なぎなたぼこ》である。最も古い山鉾とされる長刀鉾は名前の通り長刀が立てられているのだが、伝説によれば一時期、この長刀を親衡が所有していた、という。

長刀の製作者は三条小鍛冶宗近。刀工三条一派の開祖であり、天下五剣の一つ三日月を鍛えたことで知られる。そんな彼が祇園社（八坂神社）に寄進した薙刀《なぎなた》を「欲しい」と求めたのが親衡である。しばらく愛用していたが、やがて身の回りで不思議なことが次々と起きるようになった。これは神仏の領域のものであり、私有してはならないと考えた親衡は祇園社に返還し、のちに長刀鉾に据えられるようになり、現在に至る、というわけだ。

事件の余波

泉親衡の物語はこれで終わりだ。しかし、「泉親衡の乱」の物語はまだ終わっていない。むしろここからが本番である。

というのも、義時の素早い手回しで反乱の参加者たちが捕らえられて一連の事件は終わったかと思いきや、捕縛者の中に思わぬビッグネームがあったのだ。侍所別当・和田義盛の二人の子供（四男義直・五男義重）および甥の胤長《たねなが》らである。このせいで事態はややこしいことになった。義時の追及・圧迫の手が親衡の仲間たちだけでなく、和田氏へ向かっていくからだ。つまり、泉親衡の乱という事件はこの発覚以降、「頼家の遺児を神輿にした反乱計画」のことではなく、「北条と和田の対立」がメインになっていくのだ。

そのことがはっきり浮き彫りになる出来事が『吾妻鏡』にある。義盛は息子たちが捕らえられたと知るや、その時いた上総国からすぐさま鎌倉へ戻り、実朝に「いかに幕府のために尽くしてきたか」を訴えて義直・義重の助命を懇願した。義盛と実朝の関係は良好である。この願いは受け入れられた。

問題はその翌日だ。義盛は一族のものを引き連れて再び実朝と面会し、今度は甥の胤長の罪を免じてもらおうとしたのだが、今度は将軍と会わせてさえもらえなかった。それどころか、庭に座らされた和田一族のものたちの前を、縄を打たれた胤長が連れていかれるところを見させられた、という。この出来事こそが義盛を激怒させ、後の挙兵（和田合戦）に繋がったとされる。

結局、胤長は陸奥国岩瀬郡に配流されてしまった。それだけではない。胤長は幕府から館を預けられていたが、これについて義盛は「改めて一族のものに使わせて欲しい」と申し出た。当時の慣習として当たり前のことだったので実朝は許したが、すぐに撤回されてしまった。胤長の館は義時のものとなり、既に館へ入っていた義盛の郎党は叩き出された、という。

「巻き込まれる」ことの恐ろしさ

義時の和田一族に対する挑発的行動（胤長への処罰などは義時の指図によるものとされる）が多く、最終的に和田一族の壊滅と挙兵と繋がったことから、そもそも「泉親衡の乱」事件そのものが陰謀で、それを仕掛けたのが義時ではないか、と疑う声さえある。その場合は、義盛の息子たちが親衡の計画に加わったこと自体が罠、ということになるだろう。

阿野全成の項目でも少し触れたが、強力な派閥に参加していることはメリットも大きいが、デメリットも小さくない。派閥参加者である「あなた」が何かしらの失敗をしでかした場合、敵対する派閥は「派閥全体の落ち度」として責めてくるからだ。結果、あなたが仲間から責められ、派閥の領袖からの信頼を失う程度であればまだいい。派閥を追放されたり、派閥そのものが壊滅する可能性だってある。己の立場を弁《わきま》えて行動することが大事だ。現代社会ではクーデター計画に参加する機会はまずないだろうけれど、その代わりに犯罪や反社会的行為への誘惑はあちこちに潜んでいるのだから。

一方、あなたが親衛の立場になる可能性もなくはない。果たして彼が自分の意思で実朝打倒計画を立てていたところを義時の計画に利用されたのか、陰謀に絡め取られる形で計画の主犯にされてしまったのか。真相はわからない。しかし、大それたことをしたせいで、幕府全体を揺るがす大事件の導火線に火をつける役割をしたことは間違いない。彼が先祖代々の土地を失ってしまったことも、だ。

これを現代に例えるなら、能力や財産を超えた壮大な計画に手をつけてしまったために、詐欺師に騙《だま》されて財産を失ったり、家族や友人に迷惑をかけたり、という状況であろう。本書をビジネス・社会生活のための手本的な目的も含めて手に取られたような方は、どちらかと言えばそのような「大きな夢」「うまい話」にチャレンジしがちな傾向をお持ちではないかと思う。親衛の二の舞にならぬよう、ご注意いただきたい。

和田義盛

わだよしもり　一一四七年〜一二一三年

義時の挑発で挙兵するも一族ともに滅亡に追いやられた御家人

繰り返しになるが、鎌倉時代の初期は幕政の舵取りと有力御家人たちの所領をめぐる闘争の連続であった。源平の合戦で活躍した勇士たちが次々と内紛・陰謀に倒れていく。その中でも一際大きな事件となったのが、和田義盛と一族が北条義時らによって攻め滅ぼされた和田合戦である。

この事件では鎌倉を中心に壮大な合戦が巻き起こった。梶原景時の変や比企氏の乱の時と異なり、将軍の御所を中心に鎌倉の市街地が戦場となったのだ。

幕府の重鎮・和田義盛

和田小太郎義盛は既に見てきた通り、相模国三浦郡を中心に勢力を誇った関東の有力武家・三浦氏の出身であり、三浦一族（三浦党）の有力者である。

三浦氏は桓武平氏だが、出自については平良文の流れとも平良正の流れとも言い、はっきりしない。明確なのは、源頼朝が挙兵した最初の時期から彼に味方をし、源平合戦で活躍した一族であったことだ。特に三浦義明は頼朝らが石橋山で敗北して三浦党の軍勢との合流に失敗した後、自身もまた畠山重忠らに攻められた際、息子の三浦義澄や孫の和田義盛らを頼朝の元へ送り、自らは敵勢を迎え撃って討ち死にする壮絶な最期を遂げたことでよく知られている。

このような活躍もあって、三浦氏は鎌倉幕府の黎明期において大きな存在感を示すに至った。和田義盛が侍所別当としてこの幕府にとって重要な部署の権限を梶原景時と分け合ったこと（後に景時が失脚したので義盛が独占した）、「十三人の合議制」のうち二席を三浦党の人間である義澄と義盛が占めていることでも、それは明らかである。

やがて義澄が亡くなって三浦氏の当主がその子の義村に代替わりし、また義盛が長年にわたって侍所別当を務めて幕府内における名声を高める中で、一族内部でのパワーバランスに変化があったらしい。本来は傍流のはずの和田氏が力を持ち、義村やその弟の胤義《たねよし》らが本来の本流と距離を置き始めたのだ。『愚管抄』は義盛のことを「三浦の長者」と呼んでいるから、三浦党全体の主導権が義盛へ移っていた可能性さえある。

なにしろ、義盛はこの時点で生き残っている数少ない「十三人の合議制」メンバーの御家人である。その存在は重かった。大江広元、三善康信、中原親能、二階堂行政の四人は官僚であるから除外するとして、梶原景時、比企能員、北条時政は既に失脚、敗死。安達盛長、三浦義澄は病没している。足立遠元も史料上明確ではないがおそらくこの頃には亡くなっており、八田知家は存命だが、幕政に深く関わった様子はあまり見当たらない。

あとは北条義時と和田義盛の二人となり、義盛の方が明らかに年上だ。彼が幕府の重鎮として重く遇されるのは当然のことであった。そして、執権として幕政を主導する義時にとって義盛が目の上のたんこぶであり、両者がやがて衝突するのも自然としか言いようがなかったのだ。

和田合戦に諸説あり

前項で紹介した通り、泉親衡の乱をきっかけに義盛は義時排除、北条氏打倒を目指して動き出すことになる。「和田合戦」の始まりだ。義盛の計画の主眼は武力をもって鎌倉の御所を攻撃し、将軍・実朝を確保し、自分たちが幕府側、北条氏が謀反人、という形を作ることだった。大義名分が大事なのはいつの時代も変わらない。

ここまでは間違いないが、実際に合戦がどのような展開を辿ったかは諸説ある。

一つは『吾妻鏡』に従う考え方で、戦いは五月二日夕方、和田方の軍勢が御所を攻めたことから始まる、という。御所側も抵抗したが、義盛の子・朝比奈義秀の手勢が門を突き破って御所内に侵入した。

和田方の攻撃時、御所隣の大江広元の館では宴の真っ最中、同じく御所隣の館の義時は囲碁を打っていたとされるから、義盛の攻撃は奇襲だったと考えられる。しかし義時は急報を慌てず騒がず、打っていた囲碁の目を数える余裕ぶりで御所へ赴いたと伝わっている。

しかし別の説では、義盛の作戦を義時が完全に見切り、罠に嵌めたと推測されている。その説によると、義盛は同じ三浦一族で本家筋である三浦義村と、妻の実家である武蔵の武士団・横山党を味方に引き込み、将軍と義時を分断する作戦を立てた。五月三日に横山党が将軍御所と義時の館の間に陣取り、義村が御所へ向かって将軍を押さえる、という計画である。ところが、義村は義盛の計画に乗ったふりをしつつ、実は義時と内通していた。義村から和田方の作戦を聞いた義時は、横山党が鎌倉に来るより先の五月二日のうちにまず嫡男・北条泰時の軍勢を出陣させ、和田の館を攻め、然るのちに御所へ撤退させた。義時はこの時点で御所へ入る。すると和田軍としては御所を攻撃せざるを得ないが、これでは和田氏こそ謀反人ということになってしまう。全く当初の予定とはあべこべであった。

この二つの説のうちどちらが真実であるかはわからない。ただどちらにせよ、御所を攻撃してしまった義盛としては、御所にいるはずの実朝を確保せねばならないが、義時がすぐさま実朝や大江広元を連れて頼朝法華堂へ逃げてしまったので、それも失敗。この時点で戦いの趨勢《すうせい》は決まったと言ってよい。謀反人に手を貸す御家人はいないからだ。もちろん、強力な味方と恃んでいた三浦氏本家・義村の軍勢も和田方につくはずがない。

それでも和田方は大いに奮戦し、一夜の休戦を挟んで翌日夕方まで戦い続けた。予定通りやってきた横山党も加わってくれたが、敵方には義時と広元の連名による要請を受けた周辺の御家人が加勢してくるので、いよいよどうにもならない。ついに三日夕方、義盛は討死し、和田氏は壊滅するに至ったのだ、という。ただ、義秀のみは生き残った仲間を船に乗せて逃げ去ったと伝わる。

果たして「悪」はどちらか

　こうして和田一族は滅んだ。事件の結果、義時が得たものは大きかった。元々の執権・政所別当の立場に加えて、義盛が持っていた侍所別当の地位までもが彼のものになったからだ。幕府の実権は（実朝がこの頃には親政を始めていたとはいえ）実質的に義時が牛耳ったと考えていいだろう。

　だからといって、和田合戦は全く義時の野心によるものであり、義盛と和田氏は被害者だった、と見るのも視点が偏りすぎてしまうように思う。義時が手をこまねいていれば和田氏の力がさらに増大し、最終的に北条氏こそが謀反人の汚名を着せられて滅ぼされていた可能性は決してゼロではないからだ。

　そもそも泉親衡の乱にしても、前項では義時の陰謀と見る説を中心に紹介したが、全くの逆であるかもしれない。つまり、義盛ら和田氏が、義時と北条氏を打倒するべく、親衡を焚《た》き付け、千手丸を巻き込み、反北条の陰謀を企んでいた可能性もある、ということだ。

　いやむしろ、義盛の子供や甥たちが参加していた以上、「先に仕掛けたのは和田側」と考えた方が自然であるかもしれない。まず義盛（あるいは和田一族の誰か）が親衡を手駒にして義時を倒そうとした。しかし義時側に速やかにかぎつけられてしまったので、全責任を親衡に押し付けることにする。しかし義時はそれを許さず、徹底的に追及したので、和田合戦に至った。そう考えることは難しくない。もちろん、全ては歴史の闇の向こうの話ではあるのだが。

大義名分を摑むのはどちらか

改めて和田合戦当時の状況を見ると、「北条と和田の争いはどちらが仕掛けたのであってもおかしくない」と言えるだろう。義時が陰謀で義盛を追い込んだのかもしれないし、義盛の失策に義時が付け込んだのかもしれない。

そして、大事なのは「当事者にとってどちらが先に仕掛けたかはあまり重要ではない」ことだ。部外者にとっては「先に攻撃したのはどちらなのか」が気になる。仕掛けられた方が被害者に見え、正当性が高まるように感じられるからだ。だが、大抵の場合、当事者にとってそんなことはどうでもいい。その場の正当性は「どちらが先に仕掛けたか」より「どちらが勝ったか」「どちらが大義名分を確保したか」で決まることが多いからだ。

和田合戦の場合、その正当性は「どちらが実朝を確保したか」である。もし和田勢が御所攻撃時に実朝の身柄を得ていたら、合戦の経緯も、その後の伝えられ方も、全く違っていただろう（もし本当に義盛の計画が義時に漏れていたらも万に一つもそうはならなかっただろうが）。「勝てば官軍」なのだ。

もちろん、これは中世的な理屈ではある。現代社会では「その場の正当性を確保さえできれば何をやってもいい！」などという無法は許されない。たとえば、暴力や脅迫、虚言を用いてその場の人々を短期的に従わせることができたとしても、後から「その取引は法律違反だから無効だ」「あなたのやったことは犯罪だから逮捕だ」となることだろう。

しかし、犯罪にならない程度なら話は別だ。喧嘩で、仮に自分から仕掛けたのだとしても、あえてひどく痛がることで周囲の人々の同情を買い、「どっちが最初だったのか」などという問いかけを有耶無耶にすることができるかもしれない。勢いよく言葉をたたみかけることで、相手が冷静にならないうちに契約をまとめることもできるだろう。

これはリスクを伴うテクニックだ。うまく正当性を確保できなかった場合、一転して自分が不利になる可能性が高い。しかし、北条・和田関係がそうであったように、「利害があからさまに対立していて遠からず衝突が起きる」状況においては、先に仕掛けた方が有利だ。そのような決断も、時には必要である。

源実朝

みなもとのさねとも　一一九二年～一二一九年

義時の関与も疑われる公暁に暗殺された三代将軍

鎌倉幕府三代将軍・源実朝には、「厭世《えんせい》家の傀儡《かいらい》歌人将軍」というイメージがある。この印象は故なきものではない。将軍の座を追われた兄・頼家に代わって幼くして将軍になり、長い間政治を祖父・時政あるいは母・政子に任せていたこと。『小倉百人一首』に歌が採用されるほどの歌人であったこと。厭世的なエピソードもあること。幕府よりは朝廷の方を重視していたのではないかと思われること。これらが証左として存在する。

一方で、近年の研究によれば、成長した後の実朝が将軍として親政を行い、自分なりの幕府運営を行おうとしていたのもまた事実であるようだ。朝廷との接近もあくまで彼なりの理想を求めてのことであった節がある。となると、実朝を「線の細い芸術家」と見なすこと自体が間違いであったのかもしれない。

しかし、実朝の政治が大きな成果を残すことはなかった。彼の命が突然の暗殺によって失われたからだ。その死は鎌倉幕府の歴史の流れを劇的に変えてしまう。

実朝誕生の良い影響、悪い影響

本書でここまで繰り返し触れてきた通り、実朝は鎌倉幕府初代将軍・源頼朝とその正室・北条政子の次男として誕生した。幼名は千幡《せんまん》である。

彼がこの世に生まれたのは一一九二年（建久三）。この年には父・頼朝が征夷大将軍に任命されるとともに、長年頼朝を苦しめた政敵・後白河法皇が亡くなっている。実朝は日本初の本格的武士政権である鎌倉幕府が成立し、成長していく真っ只中で登場したことになる。

頼朝はこの子をこよなく愛した。生まれて間もなく有力御家人たちにお披露目して「鍾《しょう》愛《あい》（こよなく愛すること）」を語り、彼らに一人一人抱かせて忠誠を誓わせた（『吾妻鏡』）し、『愚管抄』にも実朝は頼朝の「愛子」であったと記されている。

そのような愛情の背景が、武家政権創立という頼朝の大事業が上り調子であったことだけとはちょっと思えない。この時点で頼朝には後継者候補になりうる子供が頼家一人しかいなかったので政権安定のための人材が増えたという喜びがあったのではないか、という指摘がある。頼家に不慮の事故があった場合、頼朝の後継者の座をめぐって源氏一門や有力御家人たちが争うのは火を見るより明らかだ。しかし、実朝がいればスムーズに継承することができる。

ただ、本書をここまで読んでくださった方は、実朝の誕生が別の問題を生んだこともうご存知のはずだ。頼家が比企氏と結びついて勢力を広げていくと、これに対抗する人々（筆頭はもちろん北条氏だ！）は実朝を旗印として掲げるようになったのである。頼朝の死から比企氏の乱に至るゴタゴタは、結局のところ実朝の誕生を機にして始まったと言ってよい。もちろん、その罪は実朝にはないのだが。

「良かれと思ってやった施策がのちに悪影響を与える」ケースはままある。というよりも、何かしらシステムを作ったり、現状に適応した制度を用意した場合、長所と短所（この場合は「子供が複数いれば後継者が安心」と「子供が複数いるせいで後継者争いが起きる」）が背中合わせで生まれてしまうのは当たり前だし、状況の変化や世代経過などで悪影響が出るのも当然、と考えるべきだ。ある時期には最大効率で動いていた部署が、いつのまにかお荷物部署になってしまったりするもの。

そのため、短所をフォローできるような組織づくりをしたり、定期的な改変・新システムの導入が必要だが、これもやりすぎで悪影響が出かねないので難しい。

誇り高き将軍としての実朝

兄・頼家が非業の死を遂げると、実朝が将軍になった。ちなみに、頼朝・頼家と先人たちはまず「鎌倉殿（御家人たちを従える幕府の長）」になってから、時間を置いて「将軍（征夷大将軍）」になった。しかし実朝はこの二つを同時に継承し、ここから「武家政権の主人としての将軍」というスタイルが一般化していったと考えられている。

とはいえ、まだ十二歳。政治などできるはずもない。そこで当初は祖父の時政が執権として政治を代行。その時政が畠山重忠の乱および平賀朝雅の乱をめぐる対立を経て失脚すると、政治は「尼将軍」などとも呼ばれた政子と、執権を継承した義時の姉弟が掌握するようになる。

それもあくまで幼かったから代行していたということであるため、実朝も十八歳の頃から親政を始めた。何もかもが自由になったわけではない。実朝と和田義盛との関係は良好だったが、義盛と義時が相争った和田合戦の時にはほとんど介入できていない。その前段階で義盛を宥《なだ》めようとするのが精一杯だった。

では、実朝は義時に一方的に指図される関係だったのかというと、そうでもないようだ。一例として、親政を始めて間も無く、義時が「自分の郎従（部下）を侍（御家人の一種）に準じるよう扱ってほしい」と申し出たが、実朝が「幕府内の身分秩序が歪《ゆが》むので長期間受け入れることはできない」という言い方で拒否した、という話がある。実朝はあくまで自分の考えのもとで幕政を動かそうとしていたのだ。

他にも、実朝が若さゆえか怒りを爆発させ、それを義時が宥めたり、あるいは叱られた御家人にアドバイスして丸く収めたり、というエピソードが伝わっている。「実朝の側近・東重胤が勝手に地元へ戻ったせいで実朝の怒りを買った際、義時のアドバイスおよび仲介で歌を送ったら許してもらえた」話などがそれだ。

さらに興味深いエピソードがある。一二一八年（建保六）、実朝が鶴岡八幡宮へ左大臣昇進の拝賀（神仏への礼）を行うことになった。これには身分にふさわしい行列が必要なので、京より人を呼ぶことになったのだが、その中に蔵人《くろうど》（天皇の側近、秘書役）になったばかりの長井時広（大江広元の次男）がいた。この人は京で検非違使《けびいし》になりたいと考えていたので、拝賀の儀式が終わると「京へ戻りたい」と人伝に実朝に申し出た。

これを聞いた実朝が激怒した。「蔵人になった後鎌倉へ下って来たのだから、後は京になど戻らず幕府に仕えるべきだ。幕府を見下しているのか」というのである。困った時広が義時に泣きつくと、彼の取りなしでこれまたあっさり許され、京へ戻る許可が出た、という。

このエピソードからは実朝が義時に信頼されていることがわかるとともに、実朝は実朝なりに政治をしており、将軍の座にプライドを持っていることも伝わるとされる。そうでなければ京（朝廷）と比べて幕府を見下しているのか、などという発言は出てこないはず、というわけだ。

文化好き将軍・実朝

実朝に触れるにあたって欠かせないのが、その京の朝廷および文化への傾倒である。鎌倉幕府の武士たちは「坂東武者」としての自己認識を持つ一方、京の公家たちが洗練させた文化にも強い憧れを持っていた。先代将軍・頼家が蹴鞠を好んだのにも、そのような背景は少なからずあったことだろう（実朝も蹴鞠に熱中したことで有名）。

中でも実朝がのめり込んだのは和歌だ。家集として『金槐《きんかい》和歌集』を持ち、『小倉百人一首』に「鎌倉右大臣」として一首収録されていることから、歌人として当時から評価されていたのは間違いない。歌会をたびたび開催していたことも記録に残っている。ただ、天才的な歌人とするのは過大評価だ、という指摘もあることは書き添えておきたい。

このような実朝の和歌好きは当時から有名だったようだ。『吾妻鏡』に、御家人・長沼宗政の有名な台詞が残っている。曰く、「当代は歌鞠をもって業となし、武芸廃るるに似たり」。武芸こそ武士にとって一番大事なものであるはずなのに、という嘆きのため息が聞こえてくるようだ。

ただ、これを「傀儡将軍が文化に耽《ふけ》っていた」とだけ見ては実朝を見誤る。なるほどそういう傾向もあっただろうが、既に見た通り実朝は親政を行っており、文化趣味はその上でのものであるからだ（謀反人の歌に感激して罪を許すようなこともしたようだが、これは前近代の権力者として許される範疇《はんちゅう》であろう）。

では、実朝の文化趣味は彼の政治方針上、どんな意味があったのか。その背景にあったのは後鳥羽上皇への接近・模倣（上皇も和歌や蹴鞠を好んだ）であり、また権威づけだったのではないか、と考えられている。

繰り返すが、武士たちもまた京の文化に憧れていた。実朝がそれらの達者であることは、「武士としてどうなのか」という批判になる一方で、自分たちにないものを持っていることで一目置かれる効果があった、というわけだ。かつて父・頼朝は跡取りの頼家を立派な武士として育てることで武家の棟梁＝鎌倉殿に相応しくしようとした。これに対して実朝は文化の力で武士の頂点に立とうとしたのではないか、と考えられる。

そして実朝がそのように考えた背景には、名付け親でもある後鳥羽上皇への憧れもあったのではないか。当時既に優れたカリスマとして朝廷に君臨していた後鳥羽上皇もまた、和歌や蹴鞠など文化の達人であった。彼にならうことで御家人たちを押さえ込み、将軍として立ちたいという狙いだったのではないか、と推測されるわけだ。

実朝の正室選びにも、彼の意思が感じられる。幕府の有力者たちが「源氏の名門・足利義兼の娘を」と勧めようとしたが実朝が拒否し、代わって後鳥羽上皇の重臣・坊門信清の娘が京から迎えられることになった。明らかな朝廷・上皇との接近である。

後鳥羽上皇からすれば、このような実朝の動きは好都合だった。彼を通して幕府をコントロールすることができるかもしれないからだ。そこで、熱心な援護射撃が行われることになった。官位の上昇である。

実朝の官位はある時期ほとんど毎年に一度という勢いで上がり続け、最終的には右大臣にまでなってしまう。このような官位もまた、武士たちが手に入れたいと望む権威であり、実朝が武士たちを従えるための武器になった。

実朝の抱えた問題と解決策

親政に励み、また京との関係を深めることで権威づけをしていった実朝だが、やはり幕府（武士）と朝廷（皇族・公家）の板挟みにもなってしまったようだ。先に紹介したような御家人による苦言もその一部であるだろうし、義時も和歌、つまり文化に耽る実朝を諭した記録が残っている。

武士たちからすれば、公家文化や朝廷での出世が憧れだったのは間違いないが、一方で他所者《よそ》的な感覚もあったはずなのだ。それを振りかざされれば拒否反応も出る。現代的に言い換えれば「親会社や取引先から派遣されてきた人材」や「権威があったり最先端だったりする資格・技術」への反応に近いだろうか。敬意を示すし、憧れもあるが、「だからなんだ」と逆らいたくもなるものだ。自分たちのやり方を引っ掻き回される不快さもある。

それらを活用する立場としては「ある程度の反発はあるものだ」と割り切らなければならないし、受け入れる側も「無駄に反発してもしょうがない、うまく付き合わなければ」という態度を取るべきだ。しかし、簡単ではない。

実朝も板挟みで疲弊したのだろうか。『小倉百人一首』に収録された「世の中は常にもがもな渚漕ぐ海人の小舟の綱手かなしも」はなんとはなしに厭世観を感じさせる和歌だし、他にも妙なエピソードが残っている。

この時代も中国との交流は行われていたのだが、その中の一人が実朝を称して「医王山の長老の転生」と呼んだ。これを「自分も同じ内容の夢を見たことがある」と喜んだ実朝は、なんと「中国に行きたい」と言い出し、義時・広元の反対を振り切って実際に巨大船を造らせてしまった。果たして実朝は何を考えていたのだろうか。幕府内での孤独に疲れた逃避であったのか、それとも前向きに外交・貿易を考えていたのか。残念ながら船は一二一七年（建保五）に完成したものの沈んでしまい、計画は頓挫したので実朝の狙いはわからない。

さらに、実朝は大きな問題を抱えていた。跡を継ぐ子供が一人もいなかったのだ。正室との仲は良好だが子が生まれず、しかもこの時代には珍しく側室もいない。これでは幕府を安定的に維持していくことができない。実朝にとっても、義時らにとっても、悩みどころであったろう。

一二一六年（建保四）の出来事だが、広元が「官位の上昇が早すぎるので拒否したほうが良いのでは」と諫めたことがある。これに実朝は「源氏の正統は断絶するのだから、せめて官位によって家名を残させてくれ」と答えた。この会話には官位をめぐる駆け引きもあるだろうが、それに加えて本当に後継が期待できないことへの実朝の失意もあったのではないか。

後継を作れず、中国への渡航も失敗した実朝は、やがて新たな計画を始めた。己の後継者として後鳥羽上皇の親王を招こうと考えたのである。

日本で最も高貴な血筋を取り込むことができれば将軍と幕府の権威はいよいよ高まるし、その子を将軍にして自分が後見人というスタンスに立つことができれば実朝自身も責任や重圧から解放されることだろう。後鳥羽上皇も賛成し、計画は進んでいった。そんな中で事件は起きてしまうのだ。

実朝、死す

一二一九年（承久元）正月、実朝は鶴岡八幡宮に参詣した。右大臣昇進の拝賀を行うためだった。そして、寺を出たところで実朝を襲うものがある。兄・頼家の遺児で実朝からすれば甥にあたる公暁《くぎょう》であった。『吾妻鏡』に曰く、公暁は「父の仇」と叫んで剣を振るい、実朝を殺したという。

公暁は父の死後、将軍家と縁深い鶴岡八幡宮に預けられ、ここの別当になっていた。しかし、父の跡を継いで将軍になりたいと考えていたようだ。おそらくそのためと思われる呪詛儀式や、還俗の準備などを進めていた。しかし呪いが上手くいかなかったせいか、実力で実朝を排除しようとする。実朝がいつ鶴岡八幡宮に来るのか調べるのは、別当の彼には容易いことであったわけだ。

実朝殺害後、公暁は三浦義村のところへ「自分が大将軍だ」と使者を送った。義村は公暁の乳母夫であったから、必ず自分を支援してくれると信じたのだろう。しかし義村は彼に従うと見せてすぐさま義時へ事態を知らせてしまう。最終的に公暁は義村の送り込んだ武士たちに殺され、事件は終わった。

実朝の跡を継ぐ四代目将軍として選ばれたのは、藤原摂関家に生まれた赤ん坊「三寅丸」である。高貴な血筋と、「母親が頼朝の姪の娘」という事情から将軍として選ばれた。

本来実朝が望んでいた親王将軍を迎えることは叶わなかったのだ。この三寅丸はのちに藤原頼経と名乗り、また頼家の娘である竹御所を妻に迎えることになる。

しかし、義時・政子と鎌倉幕府はこの将軍決定で安堵の息を吐《つ》くわけにはいかなかった。実朝の突然死は恐るべき危機を招くことになるからだ。それは、実朝の生前は朝幕体制の融和を掲げていた後鳥羽上皇の急激な方針転換であり、その結果としての武力衝突である。すなわち、「承久の乱」が目前に迫っていたのだ。

実朝暗殺の謎

実朝暗殺事件は謎に満ちており、真相がわからない。

公暁が本当に将軍になりたかったなら「先の将軍を殺した男」などという汚名を背負ってでも目標に辿り着けるような手段が必要だ。つまり、有力御家人の支援者（＝黒幕）がいなければならないのだが、誰もが納得できるような答えは見当たらないのである。それでも幾つかの説が提唱されているので、紹介しよう。

通説としてしばしば語られてきたのが「北条義時黒幕説」である。公暁を唆したのも、義村に命じてその公暁を始末させたのも、どちらも義時の企みであった、というものだ。

なるほど義時に「次の将軍にしてやるから実朝を殺せ」と言われれば公暁も信じるだろうし、義村との縁も深い。義時ならどちらも可能であろう。

しかし、義時にはわざわざ実朝（と公暁）を殺す動機が薄いのが問題だ。政子と頼朝の縁による将軍家との結びつきは、北条氏が時政・義時の二代にわたって躍進するにあたり切り札となった要素である。なるほど、結果論から言えば北条氏は「頼朝の子孫」抜きで幕府を支配することができた。だが、わざわざ自分から殺して手駒を手放すのは、あまりにも無謀な振る舞いではなかろうか？

近年の研究に基づいて「実朝は実際には傀儡ではなく独自の方針で動いていた」と考えれば、義時にとって邪魔になっていたから殺した、というのは一応の筋が通る。ただ、それなら公暁を巻き込む必要はなく、別のものに実朝を殺させて公暁を四代目将軍にした方が良いのではないか、という主張があり、これは説得力があると思うのだがどうだろうか。

次に、「三浦義村黒幕説」がある。この説では公暁の（そして彼を唆した義村の）ターゲットは二人いたことになっている。実朝、そして義時だ。実朝暗殺事件において一緒に殺されてしまった犠牲者に、剣を捧げ持つ役割を担当していた源仲章《なかあきら》という御家人がいるのだが、実は元々その役目をしていたのは義時だった、と『吾妻鏡』に記されている。しかし直前になって体調が良くないということで仲章に交代してもらい、そこで事件が起きた。つまり本来なら義時も殺されていたかもしれない、ということだ。

ここから、「義村は実朝と義時の両者を殺させた上で公暁を将軍にするつもりだった。しかし実際には義時は殺せなかった。これでは幕政を掌握して公暁を擁立するのは無理と考え、公暁を始末した」という仮説が提唱されたのである。おおむね筋は通っているようだが、義村の生涯を追うと義時を支持する行動が目立ち、彼を殺して幕府の実質的頂点に立つような野心を持っていたかどうか、という点で疑問が持たれている。

さらに「後鳥羽上皇黒幕説」もある。実朝が死んで公暁が将軍になるにせよ、二人が揃って死ぬにせよ、幕府内部が混乱し、力を失うのは間違いない。そこで武力攻撃をすれば幕府が倒せるという計画だった、とするものだ。しかしこれは非常に結果論的な考え方であって、当時の後鳥羽上皇が実朝を介して幕府へ融和的に働きかけていたという事実が見落とされているように思える。

いや、あくまで「公暁単独犯行説」と考えることもできる。黒幕説は「公暁が本当に将軍になりたいなら有力者の後ろ盾がないと、御家人たちを従わせることができないはずだ」という前提がある。しかし、追い詰められた公暁は後ろ盾などなくとも凶行に走った、と考えるわけだ。

公暁は四代目将軍になりたいと強く考えていた。実朝に後継者がいないことから淡い望みとして引きずっていられたのだろう。しかし、この時期の幕府では後継者を皇族から迎える計画があった。それを知った公暁はついに実朝を殺してしまう、という筋書きである。説得力はあるが、彼の狂気具合は今となっては測れないのであくまで仮説止まりだ。

この出来事から学ぶべき教訓は一つ。それは、「大きなことを起こそうとしたら単独では難しく、組織や集団のバックアップを得る必要があるが、そのせいで振り回されることがある」ことだ。

当時の公暁は高貴な血筋こそ引いているものの組織的な力は全く持っていない。祖父の頼朝も旗揚げ当初は近い立場であったが、公暁は頼朝よりなお悪い。北条時政以外にも三浦氏などの当てがあった頼朝に対し、公暁は義村以外頼れない（そして、その義村さえ実際には従ってくれなかった！）のだから。

現代で言えばスポンサーから資金提供を受けたり大きな会社と合同プロジェクトを立てたりすることに相当し、大きなことができるようにはなるが、口も出されるし思うように動けなくなるし、最悪乗っ取られる可能性さえある。その危険は常に考える必要がある。

コラム

源氏の血筋

頼家の子供たち

源実朝は暗殺され、その跡を継ぐことになったのは頼家の娘、竹御所を娶《めと》った藤原頼経であった。

しかし、河内源氏の血筋はその時点ではまだ完全に絶たれたわけではなかった。かろうじて生きていた彼らはどんな運命を辿ったのだろうか。

まず、頼家の子供たちを見てみよう。実朝暗殺犯・公暁は先述の通り、事件直後に殺されている。

頼家には公暁・竹御所や既に殺された一幡、他に栄実（千手丸）・禅暁《ぜんぎょう》という子がいて、栄実は泉親衡の乱に巻き込まれた後、幕府によって殺された。仁和寺に入っていた弟の禅暁は命を長らえたのだが、公暁の実朝暗殺事件が起きると、「弟の禅暁も共謀したのではないか」と疑われた末、結局殺されてしまった。

これらの人々は子を残していないので、頼家の血は絶えている。

阿野氏の結末

河内源氏の血筋はまだある。かつて謀反を疑われて死へ追いやられた頼朝の弟・阿野全成の子供たちの中に、北条氏の血を引くが故に、罪を許され父と共に殺されずに済んだ者がいる。阿野時元だ。

その時元が、なんと実朝の暗殺から間もなくして駿河国の本拠地・阿野にて幕府に反旗を翻し、自分こそが将軍になろうとした。血筋からすればなるほど無理からぬ話だが、北条政子・義時は今度はこの親戚を許さなかった。すぐさま御家人を派遣し、攻め滅ぼしてしまった。時元は自決して果てたという。

実朝暗殺犯である公暁はともかく、禅暁や時元への対応はかなり苛烈である。その背景には、義時・政子らが源氏の血筋を認め、摂関家や皇族といったより高貴な血筋を神輿として求めたということがあったのかもしれない。

高野山で俗世から逃れる

全ての河内源氏の末裔たちが非業の死を遂げたわけではない。仏法に身を捧げ、穏やかにこの世を離れた者もいる。頼家・実朝の弟、貞暁《じょうぎょう》である。

ただ、この人は政子の子ではない。頼朝と藤原時長の娘の間に生まれた。それゆえに政子に睨まれ、武士として生きることはできず、仁和寺の隆暁のもとで僧侶として学んだ。しかし、ここでは鎌倉・武家政権と無縁というわけにはいかない。いつか、なんらかの陰謀に巻き込まれることもあったろう。そのためか、貞暁は高野山へ移って更なる修行を続けた。

やがて時が流れる中で鎌倉の事情も次第に落ち着いてくる。一二二一年（承久三）には政子によって高野山に金剛三昧院が建立された。既に四代目将軍が立っており、この時点の政子にとって貞暁は嫉妬の対象でもなければ内紛の種でもない。あくまで頼朝の血を引く高僧として扱えるようになったのだと考えられる。

貞暁が高野山で死んだのは一二三一年（寛喜三）。これにより、頼朝直系の血筋は絶えてしまったのである。

第四章

倒幕勢力をねじ伏せ幕府を盤石にした執権義時

後鳥羽上皇

ごとばじょうこう　一一八〇年〜一二三九年

義時追討の院宣を出すも承久の乱に敗れ配流となった悲劇の上皇

後鳥羽上皇。事典などの項目名には「後鳥羽天皇」と記されていることが多いが、上皇・治天の君として活躍した時期が長く、一般には「後鳥羽上皇」「後鳥羽院」で知られているため、本タイトルは後鳥羽上皇とした。文中呼称は譲位まで「後鳥羽天皇」とする。

鎌倉時代初期に長く朝廷を支配し、最後には承久の乱を巻き起こしたことから、後鳥羽上皇には幕府のライバル・宿敵という印象が強い。しかし実際にはこの時代の朝幕関係はそのような単純なものではなく、上皇が対幕融和策を進めていた時期もあった。承久の乱についても、実は彼がターゲットにしていたのは北条義時であって、幕府ではなかった。

そのような点から見ることで、改めて後鳥羽上皇の実情も浮かび上がってくるだろう。

後鳥羽天皇の数奇な即位

のちに後鳥羽上皇となる皇子・四宮（四番めの子ということ）が高倉上皇と藤原殖子《しょくし》（七条院）の間に生まれたのは一一八〇年（治承四）七月。先立つ六月には平氏政権の主導により福原への遷都が行われ、後白河法皇（祖父）・高倉上皇（父）・安徳天皇（兄）らが京より移っている。しかし彼は五条町の屋敷で誕生したということなので、身重の母は遷都には付き合わなかった、ということか。結局福原遷都はうまくいかず、天皇一家はやがて京へ戻っている。

この時期はまさに源平の合戦が始まった頃で、以仁王《もちひとおう》の挙兵と敗死、頼朝の挙兵と鎌倉占領などの事件が次々と起きていく。その中で劣勢に陥った平氏が都落ちをしたのは一一八三（寿永二）。この時、単に西へ逃げるだけなら良かったのだが、安徳天皇と三種の神器（神器そのものではなく儀式のための形代《かたしろ》であるという）を持ち去ったので話がややこしいことになる。

平氏は引き続き「自分たちは天皇を擁立している」と主張したが、京に残った治天の君・後白河法皇はそれを容認するわけにはいかない。そこで新たな天皇を立てる必要があった。候補になったのは以仁王の遺児・北陸宮、高倉天皇の三宮（惟明《これあき》親王）、そして四宮である後の後鳥羽上皇であった。この時、後白河法皇が行わせた卜占《ぼくせん》の結果は「三宮が新しい天皇」であったが、法皇に対して強い発言力を持っていた丹後局の進言もあって四宮が後鳥羽天皇として即位する。この時、わずか四歳であった。

この特異な即位過程は、後鳥羽上皇という人物に大きな影響を与えることになったはずだ。何しろ、天皇の権威を象徴する三種の神器がないままで天皇になってしまい、兄から真っ当に皇位を継承することもできなかったのだから。しかも、戦後に状況が落ち着いたら改めて話をつけるなどということもできなかった。安徳天皇は壇ノ浦で没し、三種の神器のうち草薙剣も彼とともに海中へ沈んで二度と戻らなかったからだ（のちに伊勢から献上された宝剣を新たな形代とした）。

後鳥羽上皇は朝廷の改革に励み、また幕府への働きかけも熱心だった。その背景には自分が完全な意味で認められた天皇ではないという、ある種の引け目があったのではないか。その埋め合わせとしての熱心さであったように思うのだが、いかがだろうか。

後鳥羽院政開始にまつわる騒動

さて、後鳥羽天皇の治世が始まったはいいものの、彼がすぐさま自らの手で政治を行ったわけではない。なにしろ、まだ四歳である。そしてなによりも、祖父・後白河法皇が健在であった。源平の合戦の最終盤および戦後処理の対応は、治天の君として後白河法皇が取り仕切ったわけだ。

その後白河法皇が一一九二年（建久三）に亡くなるといよいよ後鳥羽天皇の親政が始まる――のはいいのだが、この時点で元服は済ませていたがまだ彼は十三歳の少年である。そこで関白・九条兼実《かねざね》が政治を主導することになった。

兼実は土御門通親《つちみかどみちちか》ら後白河法皇の側近たちと対立する立場にあり、幕府・頼朝とも協力して政治を進めた。ところが、頼朝は頼朝で「自分の娘（大姫）を後鳥羽天皇に嫁がせ、男子を産ませ、天皇外戚となりたい」という野望を持っていた。これは摂関時代の公家たちが持っていた野心と重なり、頼朝が武士でありながら公家としての意識も持っていたことを窺《うかが》わせる。そのために頼朝は通親らと接近し、兼実とは疎遠になっていったようだ。

そんな中、大きな事件が起きた。一一九五年（建久六）、既に後鳥羽天皇に入内していた兼実の娘には女子が、通親の娘には男子（のちの土御門天皇）が産まれたのだ。これを機に、通親らは一気に動いた。翌年、兼実を失脚させ、その勢力を朝廷から追放してしまったのである。建久七年の政変と呼ぶ。

この政変については、頼朝も関わっていたと言われる。証拠はないが、もしそうなら大きな失敗であったとしかいえない。政権を掌握した通親は土御門天皇を即位させ、後鳥羽上皇による院政を実現させようとしていたからだ。これは頼朝が望まぬことであった。結局、後鳥羽院政は成立し、そうこうしているうちに頼朝の娘も亡くなってしまって、彼の野望は完全に潰《つい》えたことになる。

なお、頼朝としては自ら上洛することで兼実を助けて朝廷の政治に介入するつもりであったというが、自身が急死したのでこれもかなわなかった。

後鳥羽上皇の治世

一二〇二年（建仁二）に兼実が出家し、通親が急死すると、いよいよ後鳥羽上皇主導の政治が始まる。なお、彼の治世下において幾度か天皇の交代が行われており、一二一〇年（承元四）に土御門天皇から順徳天皇へ、また一二二一年（承久三）、承久の乱直前にも順徳天皇から仲恭《ちゅうきょう》天皇へ交代している。

彼の政治の特徴はどこにあったのだろうか。まず一つ、派閥対立を乗り越えた政治を目指したことは挙げられるだろう。排斥されていた兼実派からも人材を登用し、公家全体を味方にしようとしたのである。

また、衰退していた宮廷儀礼の復興に努めたことも見逃せない。本来、正しく儀式を行うことこそが朝廷における政治であり公家の義務であったが、打ち続く戦乱で少なからず蔑《ないがし》ろにされていた。後鳥羽上皇は過去の資料をもとにこれを復活させ、公家たちにも従わせたのである。

各種の教養において抜群の才を示したのも、後鳥羽上皇を語るにあたって欠かせない要素である。音楽（琵琶や笛など）、歌、蹴鞠、武芸（射撃、水練、相撲など）と多様な方面で活躍した。ちょっと面白いところでは刀の制作にまで関わり、自ら刃をつけた太刀まで現在に残っている。

中でも有名なのは和歌への入れ込みで、勅撰集である『新古今和歌集』は単に作成を命じたというものではなく、後鳥羽上皇自らが歌の選択をはじめとして作業全体に関わったという異例のものであった。このことは彼にとって自らが正当な天皇・上皇であることをアピールする意味があったとされている。

というよりも、後鳥羽上皇の政治全体が「いかに自分が正当な天皇（治天の君）であるか」を示すために行われたのだと考えるべきだろう。彼がただ普通に天皇になったなら、ここまで必死になることはもしかしたらなかったかもしれない。しかし彼は異例の過程で天皇になったため、普通の天皇以上のことをしなければならなかった。だから、派閥対立を収め、朝廷のあり方を動乱期以前に戻し、文化でも他者を圧する存在であろうとしたのではないか。そう考えるのだが、いかがだろうか。

朝幕関係の融和から武力衝突へ

一方、幕府との関係はどうだったか。実朝時代、後鳥羽上皇が非常に融和的な姿勢をとっていたのは既に紹介した通りである。しかし、源実朝が暗殺されると、すぐに上皇の対幕態度は硬化した。

その背景として最も大きかったのは、やはり実朝を通しての幕府のコントロールができなくなったから、ということなのだろう。そもそも鎌倉幕府成立以来の、武士政権が本来朝廷の持っていた権限を奪っている状態自体が、後鳥羽上皇には許せなかったに違いない。

ただ、具体的にどのような事情・展開によって両者が武力衝突に至ったかは、諸説ある。たとえば、実朝に継ぐ四代目将軍として選ばれた三寅丸（藤原頼経）が、院政に反対してきた九条家の出身であることが、幕府の後鳥羽上皇に対する訣別《けつべつ》として作用したのではないか、などだ。

中でも大きな転機と考えられているのが、代々大内（大内裏）守護を担当し、この時には政所別当も務めていた源頼茂にまつわる事件である。摂津源氏の名門に生まれた彼は実朝が死ぬと「自分こそが将軍に相応しい」と考えるようになったが、実際に選ばれたのは三寅丸だった。これに不満を持ち、謀反を企むようになった彼を、在京の武士たちが後鳥羽上皇に訴え、上皇としては頼茂討伐を命じるしかなくなる。頼茂は討たれたが、激しい合戦の中で大内裏が炎上するという大損害が発生してしまったのだ。

この事件の真相と影響については、「幕府との戦いを考えていた後鳥羽上皇からすれば独自の勢力を広げていた頼茂が邪魔だったのではないか」とも「(本書でもここまで見てきたような)幕府内の主導権争い・後継者争いの結果として頼茂は死に、その巻き添えで被害を受けた後鳥羽上皇は幕府へ怒りを向けたのではないか」ともいう。

ともあれ、後鳥羽上皇は武力討伐を決意した。ただ、そのターゲットは幕府そのものというより、幕政を主導する義時であったらしい。彼を討つことで幕府そのものはコントロールできると考えたのだろう。承久の乱を扱った『承久記（慈光寺本）』には、後鳥羽上皇の乳母・兼子が上皇に「元凶である義時を倒し、日本国を想いのままになさいませ」といった意味のことを伝える場面がある。その背景には、大内裏再建のための行事がなかなかうまくいかず、幕府を倒すよりは活用した方が効果的だと考えたことがあったらしい。

承久の乱のあっけない顚末

一二二一年（承久三）、ついに後鳥羽上皇は挙兵した。在京の御家人たち、もともと編成を進めていた西面《さいめん》武士たち、また畿内や近国の御家人たちにも立ち上がるよう命じた結果、一千騎余りの者たちが集った。そして召集に応じなかった京都守護・伊賀光季を討たせ、さらに「北条義時を追討せよ」と院宣を出したのだ。「承久の乱」の始まりである。

これを受けて幕府はどう動いたか。後鳥羽上皇側の動きを知るや、有力御家人たちが北条政子の屋敷に集まり、会議が持たれた。そこで、歴史上あまりにも有名な政子による大演説が始まるのだ。

演説の内容は『吾妻鏡』『承久記（慈光寺本）』などの史料によってある程度の違いはあ

るが、大まかな論旨は変わらない。それは「御家人たちは代々の将軍に対して深い恩があるはずだ」「今回のことは上皇を惑わした奸臣たちの仕業だ（＝だから刃向かっても謀反ではない）」「それでも上皇側につくものは今すぐ名乗り出よ」ということだった。

この演説は上手い。政子という年季のあるカリスマ（しかも将軍予定者の後見人である）の発言であるだけで重いし、「義時を討て」という後鳥羽上皇の命令を「幕府そのものへの攻撃だ」と勘違いさせるテクニックも用いられている。これにより、義時討伐の院宣を送られていた有力御家人たちも幕府を守り、上皇を打倒することで意見を一致させることになったのである。

さらに幕府側はその後の選択も適切だった。会議では一時守りを固め迎撃する案が採用されかけたものの、大江広元が積極的な攻撃案を提案し、これを政子に相談した義時が「こちらから打って出るべし」と決断したのだ。朝廷側の動きが鈍くなるだろうという予測によるもので、実際にこの読みは正しかったのである。

東海道、東山道、北陸道の三方向に分かれて総計十九万で出陣した幕府軍は、迎え撃つ上皇側の軍勢を各所で打ち破り、京へ入った。上皇側は優れた軍事指揮官も不足し、楽観論的姿勢に支配されて幕府側の脅威を正しく判定できず、また比叡山延暦寺の僧兵たちが出陣を拒否するなど戦力も不足した。それゆえにあっさりと敗北することになったのだ。

戦後処理

義時の嫡子・泰時に率いられて迫り来る幕府軍に対し、後鳥羽上皇は降伏の姿勢を示した。それも「義時追討の命令は取り下げるし、そもそも今回このようになったのは自分の考えではなく臣下によるものだ」という責任転嫁的な主張までしてしまう。

しかし、義時ら幕府は上皇のそのような逃げの姿勢を一切受け入れなかった。後鳥羽上皇本人を隠岐へ配流したのを始め、彼の子供たちも許さない。土御門上皇は土佐、順徳上皇は佐渡、二人の親王は備前に、と配流してしまったのだ（ただし、土御門上皇は一切無関係だったにもかかわらず、本人の希望で配流になった）。もちろん、責任転嫁された臣下たち、上皇側について挙兵した御家人たちはこの程度では済まない。捕らえられて護送中に殺され、あるいは自死に追い込まれたり、首を刎ねられて殺されたりしたのだ。

戦後処理はさらに続く。幕府は京に六波羅探題を設置し、朝廷の監視・西国の支配を担当させた。また、上皇側についた在京御家人たちから所領および西国の守護職を没収し、東国の御家人たちに分け与える。所領については御家人たちを地頭に任じる形を取り、この時新しく配された地頭を新補《しんぽ》地頭と呼ぶ。これらの政策の結果、幕府は朝廷に対して決定的な発言力を持つようになり、二重権力状態も解消し、実質的に鎌倉幕府という武士政権こそが日本を動かしていくようになったのだ。

勝因、敗因

こうして承久の乱は終わった。振り返ってみると、勝った方にも、負けた方にも、それぞれの理由がある戦いであったように思える。

勝者の幕府方はおおむね混乱・内部対立がなく、かなり早い時点で一枚岩になっていた。朝廷側からすれば朝敵と見做された幕府が動揺し、裏切る者も出てくるだろうと読んでいたはずだが、実際はそうはならなかった。政子のカリスマ性も少なからず寄与したであろう。しかしそれ以上に、本書で繰り返し紹介してきたような内紛・対立が大きな意味を持っていたのではないか。

つまり、有力御家人どうしの闘争が繰り広げられ、敗者が次々と歴史の闇に消えてしまったせいで、北条氏に逆らえるような御家人がもうほとんど残っていなかった。だから義時・政子のもとで御家人たちは団結できた、という側面もあったように思えるのだ。

しかも、この時代は源平の合戦生き残りの武士たちもまだ生きているし、若い武士たちでさえも和田合戦を体験している。つまり、実戦経験がある。

翻って、朝廷方はどうか。こちらもリーダーに逆らうような者がない、という点では近い。しかし、そのリーダーは源平の合戦生き残りで数々の暗闘・内紛に勝利してきて武士たちの心情に詳しい義時ではなく、実戦経験もなければ武家事情にも暗い後鳥羽上皇である。後述する三浦胤義のような歴戦の武者もいたが、後鳥羽上皇に正面から意見ができたとはちょっと思えない。

またもう一つ、後鳥羽上皇が即位時から抱えていたであろう「正当に即位していない」コンプレックスが、朝廷に最終的な破滅をもたらしたのではないか、という点にも注目しておきたい。

普通でないところからスタートした人は、普通以上の実績を残すことで最初のマイナスを取り返そうとするものだ。そのことはしばしば良い方面に作用する。後鳥羽上皇が朝廷内の派閥対立を解消し、宮廷儀礼を復興させ、文化面でも多大な成果を残したのはまさにそうだ。

しかし、悪い方面への作用も見逃せない。つまり、「成果を出さねばならない」と思うあまり肩に力が入りすぎたり、やりすぎたりした結果として、本来の調和を乱したり、基盤を壊してしまうケースが珍しくないのである。承久の乱で朝廷が幕府に敗北し、実質的に武士政権の下に置かれてしまった例などはまさにそうだ。

己のコンプレックスや社会的に不利な要素を「何くそ」「負けるか」と、努力し挑戦するバネにするのは大変良いことである。しかし、そのようなバネはしばしばやりすぎに直結する。どこかで自分を冷静に客観視するための手段は確保しておくべきだろう。たとえば、耳に痛い意見であっても信頼できる人の忠告は聞き入れる、などだ。己を唯一の治天の君、日本を背負ってたつ存在と思い極めていたであろう後鳥羽上皇に、そのような助言者がいたとはちょっと思えない。

一方、義時はどうであったか。執権として幕府を指揮する立場にあった彼だが、何もかも自分の思う通りにはできなかった。姉・政子が将軍を擁する存在として傍《そば》にいたからだ。

それ以外でも、広元の進言を聞き入れて積極策に打って出たように、義時はギリギリのところで他者の忠告を受け入れつつ、最後には自分で決断ができる男になっていたのだろう。そんな彼を鍛えたのが、鎌倉時代初期の相次ぐ内紛・暗闘であった。いわば、義時は生き残るべくして生き残った男であったのだ。

三浦胤義

みうらたねよし 一一八五年〜一二二一年

義時と対立し上皇方についた三浦一族の御家人

前項でも少し触れたが、承久の乱は単純に武士と天皇・公家の戦いというものではなかった。後鳥羽上皇の側にも武士がいて、主戦力として戦ったのだ。中でも上皇側の軍勢において主導的な役割を務め、北条政子から名指しで敵視された（『吾妻鏡』）武士が二人いた。

一人は藤原秀康。後鳥羽上皇の北面（西面）の武士であり、上皇の側近として活躍した人物だ。そしてもう一人が三浦九郎胤義。三浦義村の弟に当たり、和田合戦では兄とともに同族の和田義盛を裏切って北条義時についた人物だ。承久の乱では彼のような在京御家人のうち少ないものが上皇側に味方し、幕府にとって脅威となった。
胤義はなぜ幕府と北条氏に弓を引いたのか。そしてどのように敗れていったのか。本項ではそこを見ていく。

胤義はなぜ上皇側についたのか

三浦九郎胤義は相模国三浦郡を本拠とする関東の有力武家、三浦氏の主流筋に生まれた男だ。「十三人の合議制」のメンバーだった三浦義澄の末子であり、畠山重忠の乱、牧氏の乱、和田合戦など鎌倉幕府初期の内紛においては兄・義村に付き従ってことごとく北条義時の側につき、戦功をあげた。

ところが、そんな胤義が和田合戦の後に鎌倉も相模国も離れ、京へ移り住んだ。朝廷よりは判官（衛門尉）・検非違使《けびいし》に任ぜられている。前者は警備、後者は犯罪捜査を役目とする官職だ。そしてどうも胤義は義時あるいは義村を怨むに至ったらしい。

なぜ胤義は鎌倉を離れたのか。承久の乱を描いた軍記物である『承久記』は、その理由を彼が当時迎えていた妻に求める。

胤義の妻は昌寛という僧侶の娘で、実はもともと源頼家の妻だった。彼との間に栄実・

禅暁という二人の子を成した（『尊卑分脈』の一部記述では、栄実・禅暁の母は公暁と同じく足助重長の娘とされる）が、頼家が殺害された後に胤義と再婚したのである。

ところが、そんな彼女の子供たちは二人ともに幕府によって殺されてしまう。胤義は妻に辛い思いをさせた幕府、すなわち義時を恨み、また彼女を悲しませる鎌倉にはいられないということで京へ移ったのだ、と『承久記（慈光寺本）』は語る。なお、禅暁は疑いをかけられてから実際に殺されるまで一年以上の時間がかかっており、その背景には胤義による抵抗があったのではないかという説もある。

しかし、三浦氏の有力者である胤義が、このような個人的・感情的な理由だけで幕府と執権に反旗を翻すものだろうか。この点については、「より大きな事情として一族内部の対立が背景にあり、後鳥羽上皇はそこを利用して胤義のような御家人たちを味方につけようとしたのではないか」という見方がある。

実は胤義は実朝が暗殺されるより前から京へ移っており、その後先に紹介したように衛門尉・検非違使の地位を与えられている。これは兄・義村が左衛門尉の役職を持っているだけなのと比べて公的な地位として格上ということになり、弟・胤義が兄の立場を危うくしかねないポジションについたことを意味する。このような一族内部の勢力争いを背景として胤義は朝廷側へ味方したのではないか、というわけだ。

胤義の失敗

さて、後醍醐天皇方で大将軍となった胤義は、まず京都守護・伊賀光季攻めに参加している。この時、光季に「後鳥羽上皇に対してさほどの罪を犯してもいない私をなぜ攻めるのか」と問われた胤義は「情勢に従い、また上皇の命令に従ってのことだ」といった意味の返事をし、光季の放った矢にあわや当たりかけたので距離をとった、というエピソードがある。胤義のスタンスがわかる会話だ。

また、胤義は兄・義村に上皇方へ味方するよう書状を書き、使者に託して鎌倉へ送ってもいる。この使者は上皇の使者・押松と共に鎌倉へやって来て、義村に面会した。ところが、用向きを聞かされた義村はすぐに使者を追い返し、義時にこのことを伝える。それだけではない。使者を通して押松のことを聞いていた彼は、義時に「押松を捕らえるべき」と進言したのである。

義時はこの提案を受け入れて捜索させたのですぐに押松は捕らえられた。結果、後鳥羽上皇による東国の御家人たちへの働きかけは失敗に終わり、その後の情勢は幕府方へ大きく偏ることになった。

上皇側の武士たち

当然ながら、後鳥羽上皇側についた武士・御家人は胤義だけではない。彼らはどんな動機で朝廷の側に立ったのか。幾人か、有名どころを追いかけてみよう。

胤義と共に伊賀光季攻撃に参加した大内惟信《これのぶ》は、あの平賀朝雅の甥にあたる。つまり、平賀義信の孫だ。朝雅の死を受けて伊賀・伊勢の守護になり、また自分の父親から美濃守護も受け継いだと考えられており、この時期の源氏を代表する人物の一人である。

この惟信はおそらく実朝暗殺後あたりのタイミングで出家して鎌倉を離れたと考えられ、京へ移り住んで事情を鎌倉へ連絡する役目を担っていた。もとより幕府との縁も深い。そんな彼が鎌倉へ弓を引いたのは、北条義時・政子によって叔父の朝雅を討たれたことが遠因としてあったろうか。単純な恨みや憎しみでなくとも、義時らをもう信用できないという政治的判断はあったかもしれない。

幕府方との戦いで大井戸渡の地に陣取っていた惟信は武田信光らの軍勢と激しく戦ったものの次第に押され、子の大内惟忠《これただ》が討ち死にしたため撤退。大内方全体の士気はさほど高くなかったようで、あっさり引き下がるものが多く、上皇方の軍勢が崩れる大きな原因を作った。その後どうなったかははっきりしないが、『尊卑分脈』は幕府方に捕らえられ、配流されたとしている。

上皇方について奮戦した武士の一人として名前が挙がるのが山田重忠だ。美濃源氏の一族（重宗流）だが、鎌倉幕府成立後には別の美濃源氏（国房流）による圧迫を受け劣勢にあった。後鳥羽上皇に仕えたのも、承久の乱で幕府と戦う選択をしたのも、このような状況を挽回せんという意図があってのことだろう。彼と同じ美濃源氏重宗流の人々が多く上皇方についている。

彼の奮戦は『承久記（慈光寺本）』に従うと、以下の通りである。重忠は積極的に打って出て幕府方の軍勢を打ち破り、鎌倉へ攻め寄せる策を提案するなど戦意盛んであった。その策が容《い》れられず戦いが始まり、上皇方が劣勢になった後も、攻め寄せる幕府方と激しく戦った。

ここで戦わねば地元での事情がさらに悪くなるという危機感が、重忠を必死の戦いに追い込んだのであろう。

他に、糟屋《かすや》有久・有長・久季の兄弟も上皇方で大いに活躍したようだ。彼らは比企氏の乱において北条方と戦って死んだ糟屋有季の子供たちであり、既に紹介した通り『愚管抄』が比企氏の乱の事情を詳細に語っているのはその証言に依るところが大きい。幕府と北条氏に対しては積年の恨みを抱えていたことだろう。

他にも上皇方についた武士たちを概観すると、私怨や因縁、独自の事情を背景にしたものたちほど決死の戦いを挑み、そうでないものたちはどうも及び腰だったらしいという事情が見えてくる。

と言ってもこれは承久の乱だけの特殊事情ではない。大きな目的（この場合は義時を排除して幕府の方針を変えさせること）に向けて集まった寄り合い所帯においてはよくあることと考えるべきだろう。

たとえば一つの会社に所属する同僚という関係であれば「会社が潰れるとみんなが困る」という最後の一線があって、危機感を煽れば一体感が強まるということもあろう。しかしもっと緩やかなパートナーシップであれば、全体の危機が近づくとむしろ「自分の利益だけは守ろう」と仲間割れや敵前逃亡が増えるものだ。同床異夢の言葉の通り、皆それぞれ違う夢を抱えて同じ場所に集まるのが当然だと考えるべきなのだろう。

となれば、寄り合い所帯のリーダーには、それらてんでばらばらのモチベーションと事情を抱えた集団を、うまくまとめ上げる力が必要だ。やり方はリーダーの性質と状況によりさまざまであろう。各自が求める利益（安全、出世、金銭など）を適切に配分したり、武力・暴力を背景に恐怖でまとめ上げたり。理想的な未来を提示したり、共通の敵を想像させたりすることで団結させるのもポピュラーなテクニックである。

後鳥羽上皇にそれらの力（リーダーシップ、カリスマなどと呼ばれる）がなかったわけではない。主敵を幕府ではなく義時としたことで武士たちを味方につけやすくしたのはまさに好例であろう。だが、十分なものではなかった。他山の石としたいところだ。

それぞれの結末

では、胤義ら上皇方についた武士たちは、承久の乱の敗北の中でどのような末路を辿ったのだろうか。美濃・加賀での緒戦に敗れ、幕府方を京に入れないための最終決戦であった宇治・瀬田の戦いでも打ち破られた彼らは、京へ戻って後鳥羽上皇に状況を報告した。

この時のことについて、『承久記（慈光寺本）』はドラマチックに描写する。胤義は山田重忠らとともに院御所の門前で「御所に籠城して敵と戦うさまを上皇にお見せし、討死にします」と訴えた。ところが、帰ってきた上皇の返事は冷たい。「お前たちが立て籠ったら攻撃されてしまい、不本意だ。だからすぐに立ち去れ」というのだ。上皇方の武士たちは主君と恃んだ人に、見事なまでに見捨てられたのである。

重忠は東寺の近くで戦ったあと、嵯峨野へ逃げ、そこでも幕府軍と戦ったのち、自決して果てたという。また、胤義とともに上皇方の主将として活躍した藤原秀康は宇治・瀬田で敗れたあと、南都（奈良）へ、さらに河内へと逃げたあと、処刑された。

では、胤義はどうなったのか。引き続き『承久記（慈光寺本）』に従ってその末路を追いかけてみよう。上皇のけんもほろろな態度に失望した胤義は、せめて兄に本心を吐露したあと、その手にかかって死にたいと考えるようになった。東寺に籠っていたところ、兄の旗を見つけたので近くへ駆け寄り、そもそも上皇方についた背景に兄弟の不仲があったこと、そして薄情な兄に味方になるよう手紙を出したのが間違いで悔しいと叫んだ。

兄・義村はどう考えたか。「愚か者を相手してもしょうがない」がその内心であったという。そして弟と戦わず、兵を残して自分は引き上げてしまった。無情にも立ち去る兄の旗に、弟は何を思ったか。

その後、胤義は幕府方の軍勢と最後の戦いを繰り広げたのち、嵯峨太秦《うずまき》へ逃げ、木島里へ隠れていたものの、ついに自決した。その首については、『吾妻鏡』によれば「郎党によって屋敷へ持ち帰られたが、義村によって見つけ出され、義時のところへ送られた」という。

三浦義村という男

さて、本項の最後に、あえて胤義でなく兄、義村についてフォーカスしたい。義村は承久の乱において弟の誘いに乗らず、断固として幕府と義時の味方であり続けた。

本書でここまで見てきた振る舞いからもわかる通り、義村は利に聡い男と思われる。和田合戦では同族を見捨て、実朝の暗殺をめぐる一連の事件では公暁を見限った（陰謀の黒幕と呼ばれるほど主体的な動きをしたかどうかはともかく）。それは情勢を見て自分と三浦氏にとって利になる方を選んでの行動であったろう。

その結果、ある種のパブリックイメージとして、義村という男は機を見るに敏な野心家、陰謀家として見られていたようだ。まだ実朝が生きていた頃、義村と千葉胤綱が座席順を巡って争ったことがあった。その時、義村が「下総の犬は臥所《ふしど》（寝所）を知らない」と呟《つぶや》くと、胤綱は「三浦の犬は友を喰らう」と痛烈に返した。和田合戦のことをあてこすっているのは明らかである（民間説話集『古今著聞集』）。

だから、『承久記（慈光寺本）』によれば「いかにして義時を倒すか」と問われた胤義は「鎌倉と合戦をするのは良い選択ではありません。私の兄は謀略に優れ、強い勢力も持っていますので、私が密かに連絡を取って『日本の総代官になれるから義時を討て』といえばそうするでしょう」といった意味のことを答えた、とされる。

そんな彼が、弟の誘いには乗らなかった。これはなぜだろうか。

まず一つ考えられるのは、義村が目先の利益に捉われず、大局的な判断ができる人物だった、というケースであろう。彼は朝廷側と幕府側の戦力の差を正確に見切り、裏切っても勝ち目はないと判断し、弟の誘いを断った、というわけである。

少なくとも結果論的には、義村のここまでの判断は正しかった。彼は常に勝ち馬に乗り、三浦氏の勢力を温存し続けたのである。頼朝の同志として源平合戦を駆け抜けた、あるいは「十三人の合議制」に名を連ねた勇士・御家人たちが次々と陰謀や内紛に倒れていったことを考えれば、義村の大局観を高く評価しても問題はないはずだ。

もう一つ、義村は単に義時を高く評価し、彼に賭けていただけ、とも考えられるかもしれない。少なくとも史実を追う限り、別に義村は複数の勢力・有力者の間を渡り歩く蝙蝠《こうもり》のような振る舞いをしていたわけではない。単に義時の味方をし続けただけだ。

今となっては、義村の真意を知ろうとするのは不可能である。彼は見事に情勢を読み切り、三浦氏を鎌倉時代における数少ない勝ち組有力御家人にしたのかもしれない。単に義時の味方を貫いたことが運良く成功に結びついただけで、どこかで義時が敗れていたら彼もまた没落していたのかもしれない。

ただ、複雑な情勢の中で成功を得ようとする時、「ブレずに最初の方針を貫く」のがしばしば有効な戦略になるのは事実である。一時期インターネットで流行った話によれば、投資信託で最も成績が良かったのは「投資したのを忘れて放置していた人」であるという。状況に合わせて適切な選択をするのはなるほど理想だが、現実的に実行するのは簡単ではない。不利になったこちらからリソースを引き上げてあちらへ注力し……などと細々手を加えているうちにどこかで判断を誤る可能性が高いのだ。だったら放置した方がいい、というのは実に合理的な話である。

義村の場合は別に放置して（判断を放棄して）義時を支持し続けたわけではないだろう。彼なりに状況を分析し、義時につくのが正しい、一族の利益になる、と考えたからそのように振る舞ったはずだ。また、先に紹介した『古今著聞集』のエピソードほかから、義村の性格として「長幼の序を重視し、目上の人に従う傾向がある」と指摘する声もある。これに従うなら、義村はあくまで義時という「目上の人」に付き従うのが良いと考えていた、と見ることもできるだろう。

もちろん、目上に従い続けるのが常に最良の選択、というわけではない。この時期の北条氏は上り調子の勢力であったから従うことに意味は大きかったが、鎌倉時代の末期に同じ選択を迫られたら、どうであったろうか。後醍醐天皇の挙兵、足利尊氏・新田義貞の謀反により鎌倉幕府は滅亡した。そんな時に北条氏に加担し続けても、待っているのは破滅のみである。

そう考えると、最良の選択は「己の命運をかけるに相応しい相手を見つけたら、あとは迷わない」ということになるのだろう。しかし、言うは易し行うは難し。最初は自分の目に自信があっても、次第に不安になり、腰が据わらなくなるもの。当初の姿勢を守り続けるのには相当の精神力が必要になる。

また、短期的成功が長期的成功につながるとも限らない。三浦氏は義村の時代には北条氏との深い関係によって繁栄を謳歌するが、やがて息子・泰村の代には将軍・藤原頼経と結びついたこともあって北条氏と対立。ついには宝治合戦によって滅亡してしまった。厳しい言い方をすれば、義村の立ち振る舞いはたった一代の繁栄を築いたに過ぎないとも言えよう。

その繁栄と引き換えに義村は悪名を背負い、また一族や兄弟を失うことになった。彼が真に冷徹な隠謀家であったとしても、思うところはあったはずだ。それを想像させるエピソードが『吾妻鏡』に記されている。一二三一年（寛喜三）のことというから既に義時はこの世を去り、執権の地位は息子の北条泰時に受け継がれていた時期のことだ。義村は彼のもとで新しく設置された合議機関・評定衆の一員となり、重鎮・宿老として遇されていた。

そんなある日のこと、泰時の弟・朝時の屋敷が襲撃され、泰時が評定の最中にもかかわらず助けに入った、という事件があった。これは執権としていかにも軽率な振る舞いだと責めるものがあったが、泰時は血縁の大事さを語り、また兄弟が殺されるのを放っておいたら世間が許さない、身分にかかわりなく守るべき武士の道があると主張した。これを側で聞いていた義村は感涙した、という。

義村の生涯は少なからず武士の道とは反するものであったはずだ。そんな彼が泰時の振る舞いと言葉に涙を流したのは、どんな心境であったろうか。

コラム

頼仁親王

幻の「親王将軍」

後鳥羽上皇の項で軽く触れた通り、三代将軍・源実朝死後に四代目将軍として擁立されたのは藤原頼経であった。しかし、彼より先に「本来の将軍候補」と目されていた人物がいた。それが頼仁《よりひと》親王である。

後鳥羽上皇と坊門信清の娘の間に生まれた頼仁親王は、後鳥羽上皇の乳母であった卿局《きょうのつぼね》に養育されて成長した。『愚管抄』によると、この卿局が一二一八年（建保六）、熊野詣のために上洛してきた北条政子と面会した際、頼仁親王について「皇位につけてあげたい、せめて将軍にしたい」と語った、という。

また、政子の熊野詣はわざわざ政所で審議され、京の事情に詳しい弟・北条時房も随行している。文字通り私的な宗教行為と考えるのは無理があり、何かしらの政治行為であったと見られる。

このような背景事情から、政子と卿局の面会は時の将軍・実朝の「自分の次の将軍に親王を迎えたい」という要望を受けての政治交渉であったと考えられている。もちろん女性たちはあくまで交渉担当者であり、その裏には義時や後鳥羽上皇がいた。

その上で、この時は「頼仁親王あるいは雅成親王を将軍として鎌倉に送っても良い」という結論が出たとされる。このまま何事もなければ、四代目将軍は親王将軍になったことだろう。

実朝の死から決裂

しかし翌年、残念ながら事件は起きてしまった。実朝の暗殺である。そこで幕府は使者を送って親王の下向を求めた。約束通り新しい将軍として親王を据えようと考えたわけだ。ところが、後鳥羽上皇の意向は「二人の親王のうちどちらかを送るが、今すぐではない」というものだった。これは言葉通り「将来的には送る」というものではなく、拒否したのに等しい返事だと考えられている。

幕府としても簡単には引けない。そこで時房が兵を率いて上洛し、脅しをかけたが、むしろ後鳥羽上皇は態度を硬化させてしまった。

結局、再びの交渉が朝幕間で行われた末、「親王は出せないが、摂関家からなら良い」ということになって、前述の通り藤原頼経が四代将軍として派遣されることになった、というわけだ。この交渉をめぐる対立は、融和方向にあった朝幕関係が一気に不穏になっていく過程として注目するべきであろう。

その後の頼仁親王

将軍候補から外れた頼仁親王は、その後どうなったのだろうか。承久の乱が幕府側勝利に終わり、後鳥羽上皇とその子供たちが各地へ配流された際、頼仁親王も例外ではなかった。彼が送られた先は備前国の児島という小さな島（戦国時代までに半島化したが、この頃はまだ孤島だった）である。

そのまま六十四歳で亡くなるまでこの地で過ごした。また彼の残した五人の皇子が五つの修験者の家を建てて、「児島五流」あるいは「公卿山伏」などと呼ばれる集団を形成したとされる。

終章

執権義時を消したのは誰か

源平の合戦で勝利した源頼朝が日本初の本格的な武士政権を立ち上げてから、幕府が承久の乱で後鳥羽上皇を打ち破り、実質的な政権を掌握するまで、およそ四十年弱。内紛と政争、合戦と暗闘に彩られた時代はようやく終わったかに見えた。尼将軍・北条政子の強力なカリスマと、それを背景にした北条義時に逆らえるものは、幕府の御家人も、朝廷の公家も、誰一人いなかったのである。

しかし、強烈な力による支配は、その力が欠ければ揺らぐもの。一二二四年（元仁元）の「伊賀氏の変」もそのようにして起きた。きっかけは同年六月半ばに起きた、義時の突然死であった。

本書で語ってきた物語の前半の主役である時政は既に亡く、そしていま義時も倒れた。そこから始まる騒動と、事件が終結した後に築かれた政治体制は、鎌倉時代初期のドタバタを連想させ、またその反省を活かしたものであった。そこで、本書の終章として一連の顚末を紹介したい。

義時は毒殺された？

義時はなぜ死んだのか。『吾妻鏡《あづまかがみ》』の記述によれば「脚気衝心《かっけしょうしん》」そして「霍乱《かくらん》」による静かな死であったという。前者はビタミンB1の欠如を原因とする脚気の症状が進んだ結果、ショック症状が起きて心臓が止まってしまう病で、後者は日射病のこととされる。ただ、この時代の脚気はタンパク質・脂肪の欠如からくる病気であり、霍乱は急性胃腸炎のことを指し、これらによる死は大変な苦しみをもたらしたはずであるため、『吾妻鏡』の記述がおかしいという指摘もある。

実際、「義時の死について別の理由があった」と語る史料がある。『保暦間記』という書物は禽獣《きんじゅう》による暗殺説を唱えるが、これは室町時代になって書かれたものなので信じ難い。ただ、同時代人である藤原定家の『明月記』にある記述は興味深い。この本によれば、「かつての承久の乱で上皇方についた尊重という人物が、幕府の捕手に囲まれて自決を図って死に損ねた際、義時の妻（伊賀の方、伊賀氏）が義時に盛った薬で殺してくれと叫んだ」というのである。実は尊重と伊賀の方、まんざら他人ではない。彼の兄・一条実雅《さねまさ》の妻が、伊賀の方の娘であるからだ。そのため、真相を聞かされていた可能性もある。

伊賀の方の企み

義時の死にまつわる話が興味深く語られるのは、義時の死とともに伊賀の方が不穏な動きを見せたせいだ。

伊賀の方は義時との間に北条政村という実子がいて、その乳母夫は生き残った数少ない有力御家人である三浦義村であり、さらに兄・伊賀光宗は政所執事という幕府の要職にあった。政村を執権に、そして娘婿の実雅を将軍に、というのが彼女の狙いであったという。義村の武力を味方にできれば、そして義時死後の混乱を利すれば、十分可能だと考えていたのだろう。

こうなると、毒殺という話も笑い飛ばせなくなる。夫の病死を好機と動くような人物なら、そもそも病死のような偶然に頼らず、夫を殺して自ら機会を作っても、驚くには値しないではないか。

実際、伊賀の方が乗じたくなるような隙が北条氏にはあった。義時の嫡男は泰時であるが、家督継承は泰時だ、とこの時点では明確に決まっていなかったらしいのだ。そのままでも政村は北条氏の人間として厚く遇されただろうが、どうせなら一族の頂点として執権の職につかせてあげたい。また、将来に泰時の手によって排除される危険性を避けたい。伊賀の方がそのように考えても何もおかしくない。波乱の時代の親心である。

政子がまとめた波乱

一方、他の北条氏の人々や御家人たちはどう動いたのか。この時期、六波羅探題として京にいた泰時、またその叔父の時房らは急ぎ鎌倉に戻ってきた。しかし泰時はわざわざ伊豆に立ち寄って兵を連れてきたり、鎌倉の館に戻る前に由比ヶ浜で一泊するなど、変事を警戒していた節がある。

政子としては泰時を後継者にすることで決着をつけたかったが、泰時は即断しなかった。やはり他の兄弟への負い目や遠慮があったのであろう。しかし政子は逡巡しない。六月の終わり頃には「泰時こそ執権である」と宣言し、さらに七月半ばには自ら義村の屋敷に共の女性一人だけ連れて乗り込み、説得して伊賀の方側と手切れをさせてしまった。

こうなっては伊賀の方にはどうにもならない。なんらかの陰謀・策略を立てていたものがいても、武力と切り離されては実行不能になるというのが本書でここまで見てきた教訓である。

結局、伊賀の方側の主要人物は各地へ配流の処罰を受けて、事件は終わった。伊賀の方は伊豆国北条、光宗は信濃国、実雅は越前国。このうち光宗は翌年許されて鎌倉へ戻ったが、実雅は配所で四年後死亡、そして伊賀の方は「四ヶ月後、危篤状態になった」という記録が最後になっている。責任を取らされ、謀殺でもされたのだろうか。

いざという時の度胸

この一連の動きを概観してみると、北条政子というカリスマの恐ろしさがしみじみとわかる。承久の乱にしても、伊賀氏の変にしても、事件のクライマックスでものを言ったのは政子の説得・演説であり、彼女が示した度胸であった。

義村が伊賀の方と近しい関係にあることは、政子にはよくわかっていた。そんな相手の屋敷に単身乗り込んだら、殺されても文句が言えない。かつて比企能員が政子の父・北条時政に謀殺されたことも脳裏に浮かんだろう。それでも彼女は堂々乗り込み、義村を説得してしまったのである。全く見事な度胸というしかない。

いざという時（現代でいえば重要な商談だったり、プレゼンの場であったり）にあがったり、怯《おび》えたり、狼狽《うろた》えたりしないで立派に振る舞えるというのは、それだけ他者を動かす力がある、価値のあることなのだ。真似するのは容易いことではないけれど、いつか自分にもそんな時が来るかもしれないと備えるだけでも意味がある。

なお、別に政子が度胸だけで立ち向かったのではないだろうことも押さえておきたい。武家社会において女性である彼女は侮られる存在でもあったが、一方で彼女を相手にする男性側には注意深い行動が求められもした。平たく言えば「調子が狂った」はずなのだ。また、堂々と乗り込んできた彼女に武力で迫りでもしたら、武士の名声も傷つけられたに違いない。そのような不利と裏腹の有利を政子は大いに活用したものと思われる。度胸の裏には常に冷静な計算があるべきだし、差別や偏見の問題は別として、社会的な制約や不利益があるにしても、それを逆手に取る模索をしていくべきなのだ。

その後の幕府体制

政子のおかげで義時の後継者問題が丸く収まったあと、北条氏と幕府はどうなったのか。幕府を守った功労者といえる政子も、一二二五年（嘉禄元）に亡くなった。義時も政子もおらず、将軍・三寅丸（藤原頼経）も幼い中、新たな執権となった泰時は新しい政治体制を作らなければいけない。

そのために彼泰時が選んだのは、補佐役でいわば「もう一人の執権」といえる連署を設置して叔父の時房を置いたことであり、また、かつての「十三人の合議制」を思わせる合議体制である「評定衆」の設置であった。そこに強力なリーダーシップは見当たらない。

泰時はほかにも御成敗式目を制定して、裁判を属人的なものではなく明確な基準のあるものへ改革したし、一二三五年（嘉禎元）になって朝廷から「後鳥羽上皇を赦免して欲しい」と言われた際、「御家人一同」の意見として拒否している。

このようなスタイルを採らざるを得なかったのは、泰時の力が北条一族の中においても、幕府の中においても、絶対的なものではなかったからだと考えられている。強硬姿勢などとったらどうなるかわからないから、周りを立てたのだ。

なお、その北条一族の中でも特に脅威であったろう人物として、泰時の弟・北条朝時がいる。のちに北条一族の名越《なごえ》家の祖と数えられる朝時は、実は北条時政が失脚する前、義時を飛び越えて北条氏の家督を継承する予定だったのでは、と言われている。結局のところ時政は失脚してしまい、家督は時政から義時、泰時と継承されたわけだが、もしそうなら朝時には「自分こそ北条一族の正当な主人だ」という思いがあっておかしくない。そのためか、のちに名越家はたびたび本家と争い、世情を騒がすことになる。

危険な要素は含みつつ、執権・泰時の治世は内紛とも暗闘とも無縁であったようで、平和なうちに過ぎていった。それは弱者を労《いたわ》る仁政《じんせい》であったという泰時の政治の賜物でもあったろうが、他者を尊重する合議的な執権政治のおかげでもあったはずだ。このあたり、私たちとしても大いに学ぶべきところであろう。

最後に。死後の義時が果たした役目を紹介したい。大きな仕事を成した人は死んでもなかなかこの世から消えないものだ。なにしろ義時は天皇を倒した男である。『古今著聞集』には義時こそは武内宿禰《すくね》（古代の政治家）の生まれ変わりである、などという伝説が彼の死後に語られたものとして収録されている。伝説の人物化してしまったわけだ。

そんな彼の名声を借りようというのか、泰時は北条本家の通称を、彼の名前を借りて「得宗《とくそう》」とした（ただ、実際にこの得宗が義時の何なのかはよくわかっていない。法名「得崇」だとも、別名だとも、あるいは追号だとも言う）。偉大な先人の名を借りて己の立つ場を強めようとするのは立場の弱い後継者の常套手段であり、現代でも有効であろう。

有力御家人は皆滅ぶ

数々の陰謀と対立、暗闘と紛争を経て、日本初の本格的武家政権である鎌倉幕府は一応の安定を得た。将軍には高貴な血筋を迎えて神輿とし、実際の政治を主導するのは北条氏という体制である。

しかし、有力御家人同士の紛争が絶えたわけではない。一二四六年（寛元四）には宮騒動が起きて、名越《なごえ》家と手を結び先の将軍として権力拡大・北条得宗家打倒を目指した藤原頼経が失脚させられている。翌年の宝治合戦では三浦氏が攻め滅ぼされた。

そして、鎌倉時代における北条氏と有力御家人の争いとして最後のケースになるのが、一二八五年（弘安八）の霜月騒動である。主役は安達氏の安達泰盛。「十三人の合議制」の一人、安達盛長の末裔だ。

安達氏のルーツは『尊卑分脈』によれば藤原北家の魚名《うおな》で、その末裔の小野田三郎兼盛が奥州安達郡に住みついた。彼の子の盛長が安達氏を名乗るようになったという。また同じく『尊卑分脈』の記すところによると、盛長は同じく「十三人の合議制」の一人、足立遠元と親族であったとある。ただしこの記述は信憑性が薄いようだ。

安達氏は北条得宗家と婚姻関係を結び、また宝治合戦での三浦氏打倒にも積極的に関与して、北条氏と密接な間柄を保った。実際、二度にわたる元寇、すなわちモンゴル帝国(元王朝)による侵略に際して、泰盛は時の執権・北条時宗のもとで元寇問題対策に主要な役割を務める一人だった。

これに対抗していたのが御内人(得宗家の家臣)の主要人物であった平頼綱だ。両者は元王朝のプレッシャーがかかり、また時宗の目があった頃には、表立って激しく対立することはなかったものの、外敵の脅威が薄れ、しかも時宗が若くして亡くなってしまったので、ついに内紛にまでなった、というわけである。

ちなみに、事件の背景として『保暦間記』が「安達宗景が己の先祖は頼朝だ(安達景盛が頼朝の子だ)と主張し、源氏を名乗った」「頼綱がこれを理由に安達氏謀反と訴えた」というエピソードを紹介している。真実は不明だが、このような話はあってもおかしくない。

戦いは先制攻撃を仕掛けた頼綱らの勝利に終わり、安達氏は滅ぼされた。またこの時、安達氏に味方した御家人たちも数多く命を失い、その中には足立氏の直系であった足立直元もいたのである。

霜月騒動の結果、北条得宗家に逆らえるような有力御家人はいなくなった。「十三人の合議制」に参加した御家人たちの末裔も多くは没落・滅亡し、あるいは官吏として幕府の運営に従事するばかりになった。

内紛・暗闘は終わらない

これで日本に平和が訪れたのだろうか。残念ながら答えは「ノー」である。北条氏と有力御家人たちの争いが終わった後は、その北条氏内部での主導権を巡る争いが始まったのだ。一二九三年（永仁元）には霜月騒動で泰盛らを滅ぼした頼綱が、今度は北条貞時によって自らが滅ぼされる平禅門《へいぜんもん》の乱が発生。さらに一三〇五年（嘉元三）には更なる権力拡大を狙った貞時が補佐役である連署を殺そうとするも失敗する嘉元の乱が起きている。

このような混乱の中で北条氏の権力ばかりが拡大し、御家人たちの中で不満が高まる中、承久の乱以来長年にわたって圧迫されてきた天皇家に一人の英雄が現れる。彼の名は後醍醐天皇。

幾度失敗しても幕府打倒と天皇親政の夢を諦めぬ後醍醐天皇の活動に呼応し、各地で「悪党」と呼ばれる新興勢力や、足利尊氏・新田義貞のような名門武家の一部も立ち上がって、倒幕活動に身を投じていく。彼らによって、義時が作り上げた鎌倉幕府の体制は崩され、時代は新たな局面を迎えるのである。

●主要参考資料

『日本国語大辞典』（小学館）
『国史大辞典』（吉川弘文館）
『日本大百科全書（ニッポニカ）』（小学館）
『日本歴史地名大系』（平凡社）
『改訂版　詳説日本史研究』（山川出版社）
日本史史料研究会（監修）／細川重男（編）『鎌倉将軍・執権・連署列伝』（吉川弘文館）
呉座勇一『陰謀の日本中世史』（ＫＡＤＯＫＡＷＡ）
川合康『日本中世の歴史３　源平の内乱と公武政権』（吉川弘文館）
五味文彦『鎌倉時代論』（吉川弘文館）
佐藤進一『日本の中世国家』（岩波書店）
細川重男『講談社選書メチエ４９３　北条氏と鎌倉幕府』（講談社）
奥富敬之『歴史文化ライブラリー１５９　鎌倉北条氏の興亡』（吉川弘文館）
岡田清一『ミネルヴァ日本評伝選　北条義時　これ運命の縮まるべき端か』（ミネルヴァ書房）
永井晋『鎌倉源氏三代記　一門・重臣と源家将軍』（吉川弘文館）
菱沼一憲『シリーズ・中世関東武士の研究第一四巻　源範頼』（戎光祥出版）
坂井孝一『源実朝　「東国の王権」を夢見た将軍』（講談社）

清水亮『歴史文化ライブラリー477　中世武士畠山重忠　秩父平氏の嫡流』（吉川弘文館）
清水亮『シリーズ・中世関東武士の研究第七巻　畠山重忠』（戎光祥出版）
高橋秀樹『歴史文化ライブラリー400　三浦一族の中世』（吉川弘文館）
坂井孝一『承久の乱　真の「武者の世」を告げる大乱』（中央公論新社）

著者略歴　**榎本 秋**（えのもと・あき）

1977年東京生まれ。文芸評論家。歴史解説書や新書、評論や解説などを数多く手がける。代表作は『世界を見た幕臣たち』（洋泉社）、『殿様の左遷・栄転物語』（朝日新書）、『歴代征夷大将軍総覧』『外様大名40家』『戦国軍師入門』『戦国坊主列伝』（幻冬舎新書）、『将軍の日本史』（MdN新書）など。福原俊彦名義で時代小説も執筆している。

執権義時に消された13人
闘争と粛清で読む「承久の乱」前史

2021年11月20日　初版第1刷発行

著　者　榎本 秋
発行者　江尻 良
発行所　株式会社ウェッジ
〒101-0052 東京都千代田区神田小川町1丁目3番地1
NBF小川町ビルディング3階
電話03-5280-0528　FAX03-5217-2661
https://www.wedge.co.jp/　振替00160-2-410636

装幀・組版　佐々木博則
印刷・製本　株式会社暁印刷

ISBN978-4-86310-244-6　C0021